日本人の賃金を上げる唯一の方法

原田 泰
Harada Yutaka

PHP新書

はじめに

日本は貧しくなった。賃金や1人当たり国内総生産（GDP）で見て、日本は先進国の最低レベルとなっている。このような状況に対して、賃金を上げ、成長するためには、成長戦略をすればよい、構造改革をすればよいという議論が多いのだが、その中身は空っぽである。成長戦略にはむしろ生産性を低下させるようなものが多い。また、構造改革は、実は何を改革したらよいのか分からない。もちろん、どうしたら成長率が高まるかは、ノーベル経済学賞学者にも分からない難問である。

私は、日本にはあらゆるところで生産性の向上を妨げるようなことが行われているからだと考えている。また、日本は先進国に追いついていないのだから、もはやキャッチアップ型の成長はできない、独自性、創造性を生かして発展しなければならない、というような議論も有害である。事実として、日本はアメリカに追いつけず、アメリカとの差が拡大しているからである。むしろ、進んでいる国の技術、制度、経済文化を真似、まず世界最高水準を目指して追いつくのが先決である。

また、1990年代以降の日本の低成長の要因として、労働需要の縮小、投資需要の縮小がある。そこで財政・金融両面から経済に強い需要圧力をかけて、需要超過型の経済、高圧経済、人手不足経済を作ることが有効である。これはまた、規制緩和に反対する勢力を弱めることになる。経済全体が活性化しようとも、自分の仕事がなくなってしまうのであれば、反対するのは当然である。人手不足であれば、自分の仕事がなくなっても別の仕事があると思える。これは規制緩和に対する反対を軽減する。

しかし、日本の財政赤字の大きさを考えると、財政面からの刺激はできないのではないか、と考える方が多いと思う。そこで、財政赤字は何が問題かについても議論している。重要なのは、政府支出の効率性であって、政府収入と政府支出の差である財政赤字ではない、ということだ。

本書は、私が2020年から現在までに書いたエッセイをまとめたものである。多様なテーマで書いてきたが、その中から日本の賃金がなぜ上がらないのか、同じことであるが、日本の生産性がなぜ上がらないのか、という問題意識に沿うものを集めたものである。本書にまとめるにあたっては、いずれのエッセイも大幅に書き直し、かつ多くの加筆を行っている。

本書を執筆するにあたっては、多くの方にお世話になった。本書の一部は、上智大学の中里透准教授、青山学院大学の佐藤綾野教授、厚生労働省の中井雅之氏、SBI金融経済研究所の増島稔氏から有益なコメントと情報をいただいた。ただし残る誤りは著者の責任である。PHP研究所の白地利成氏は、本書が明快なものであるように手を尽くして下さった。以上の方々に心から感謝する。

2024年1月

原田　泰

日本人の賃金を上げる唯一の方法

目次

第2章 成長戦略は可能か

第3節 「ゾンビ企業」は経済効率を下げる元凶なのか？

第4章 財政赤字と経済成長

第1章

日本の賃金はなぜ上がらないのか

第1節　日本の賃金が上がらないのは生産性が低いから

成長すればコストは賄える

日本の賃金は上がらず、日本は先進国の中で貧しい国になった。また、アジアや東欧の新興国も日本を追い上げている。もちろん、日本は十分に豊かだという人もいるのだが、先進国の中での豊かさのランクは少しずつ低下している。

また、高齢化、温暖化、国防などに対処する必要もある。働く人が減って高齢者が増えれば、高齢者への年金を減らすか、働く人の年金保険料を上げるかしかない。また、医療費の問題もある。確実に治るが、とてつもなく高い薬がある（手術などの他の治療法でも同じである）。そういう薬があるなら、誰でも使ってほしいと思うだろう。

たとえば1970年代の生活で十分という人もいるが、70年代までの医療技術で治らないなら諦める、と言ってくれる人はいないだろう。温暖化対策は日本企業にとってチャンスだという人もいるが、特定の企業にとってはチャンスでも、日本経済全体にとってはチャンスではない。日本全体では、化石燃料よりも高いコストのエネルギーを使わなくてはならないからだ。

国防費は要らない、という人もかつてはいたが、ロシアがウクライナを攻撃し、北朝鮮がミサイルを盛んに発射しているところを毎日テレビで見ていれば、要らないという人はほとんどいなくなっているのではないか。

成長すれば、以上述べたようなコストを賄《まかな》うことができる。そしてもちろん、このコストを賄う以上に成長すれば、私たちはより豊かになれる。先進国の中で、日本の所得だけが低迷している、という残念な状況から抜け出せる。

実質賃金が上がらないのは「成熟しているから」？

2021年10月に岸田文雄政権が発足し、「成長よりも分配」と言い出して間もなく、世間に広まったグラフがある。日本の実質賃金が上がっていない、というグラフである。

図1-1-1に見るように、1990年から日本の賃金は上がっていない。一方、アメリカはもちろん、ドイツもイギリスもフランスも上がっている。韓国の賃金は上昇して日本を追

図1-1-1　主要国の実質賃金

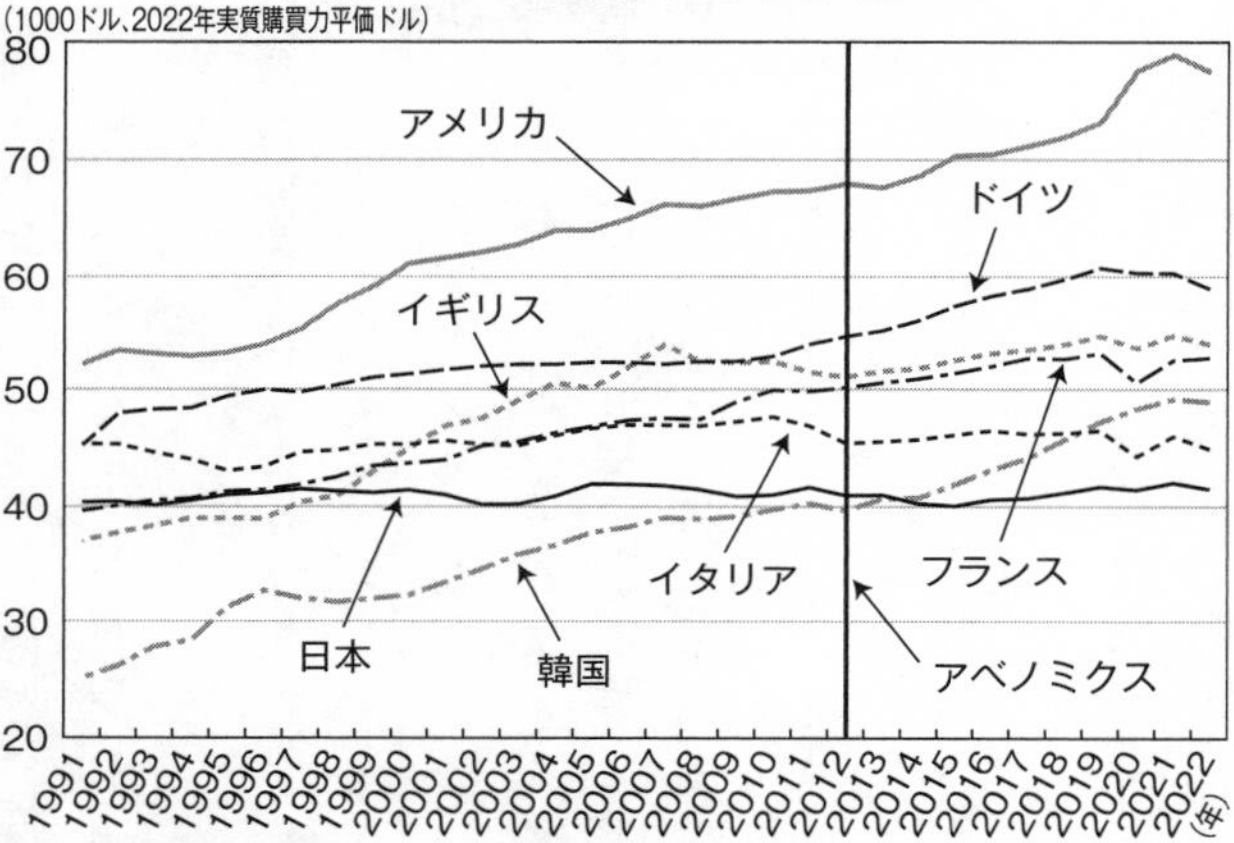

出所：OECD.Stat, Average annual wages : Table N1. Real average annual wages
注：OECD労働時間調整賃金。1990年は2021年価格のデータを修正

い抜いている。これらの賃金は、フルタイムで働いた場合に換算した実質購買力平価（２０２２年購買力平価ドル）での実質賃金だ。購買力平価とは、変動の大きい為替レートと違って本当の生活水準を表すものだ。日本とイタリアは１９９０年以降、ほとんど賃金が上がっていない。

賃金が上がらないのは、企業が利益をため込んで労働者に還元しないからだという人もいるかもしれない（本章第４節参照）。しかし、すべての賃金とすべての利潤を合計したものであるＧＤＰ（正確に言うと、すべての賃金とすべての利潤を足したものは国民所得で、ＧＤＰはこれにさらに資本減耗を足したものだが、国際比較に便利なＧＤＰを用いた）で見ても、

図1-1-2 主要先進国の1人当たり実質購買力平価GDP（G7）

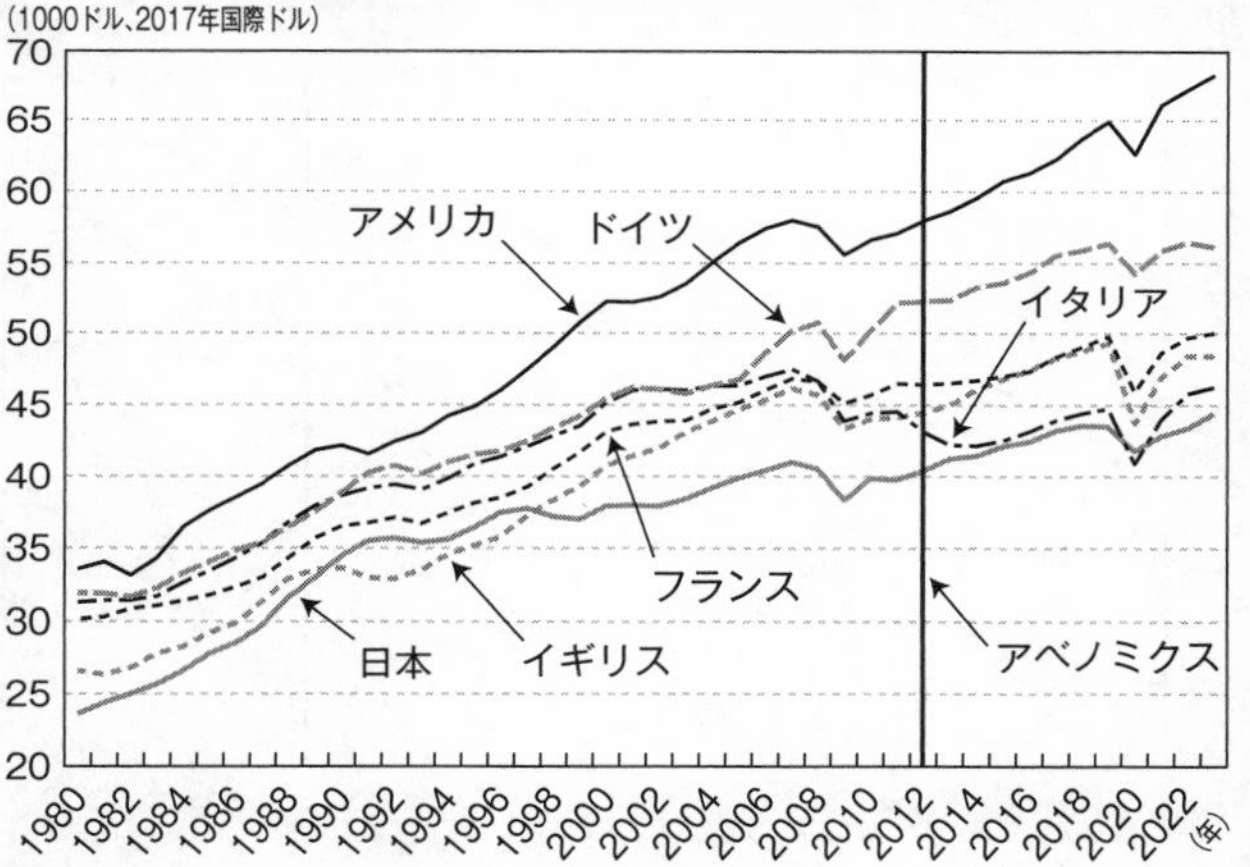

出所：IMF, World Economic Outlook Database, October 2023

日本の１人当たり実質ＧＤＰは他の国と比べてやはり伸びていない。

それを示したのが、図１−１−２と図１−１−３である。図を２つに分けたのは、国の数が多すぎるとグラフが分からなくなってしまうからだ。図１−１−２は主要先進国（国の数が多いと分かりにくくなってしまうのでカナダを除いている）、図１−１−３はアジアの先進国を示している（参照のため、アメリカと日本も示している）。

１人当たり実質購買力平価ＧＤＰは、実質賃金と同じように、アメリカはもちろん、ドイツもイギリスもフランスも上がっている。イタリアは上がっていないが、台湾も韓国も日本を追い抜いている。図が分かりにくくな

図1-1-3　主要国の1人当たり実質購買力平価GDP（アジアの先進国）

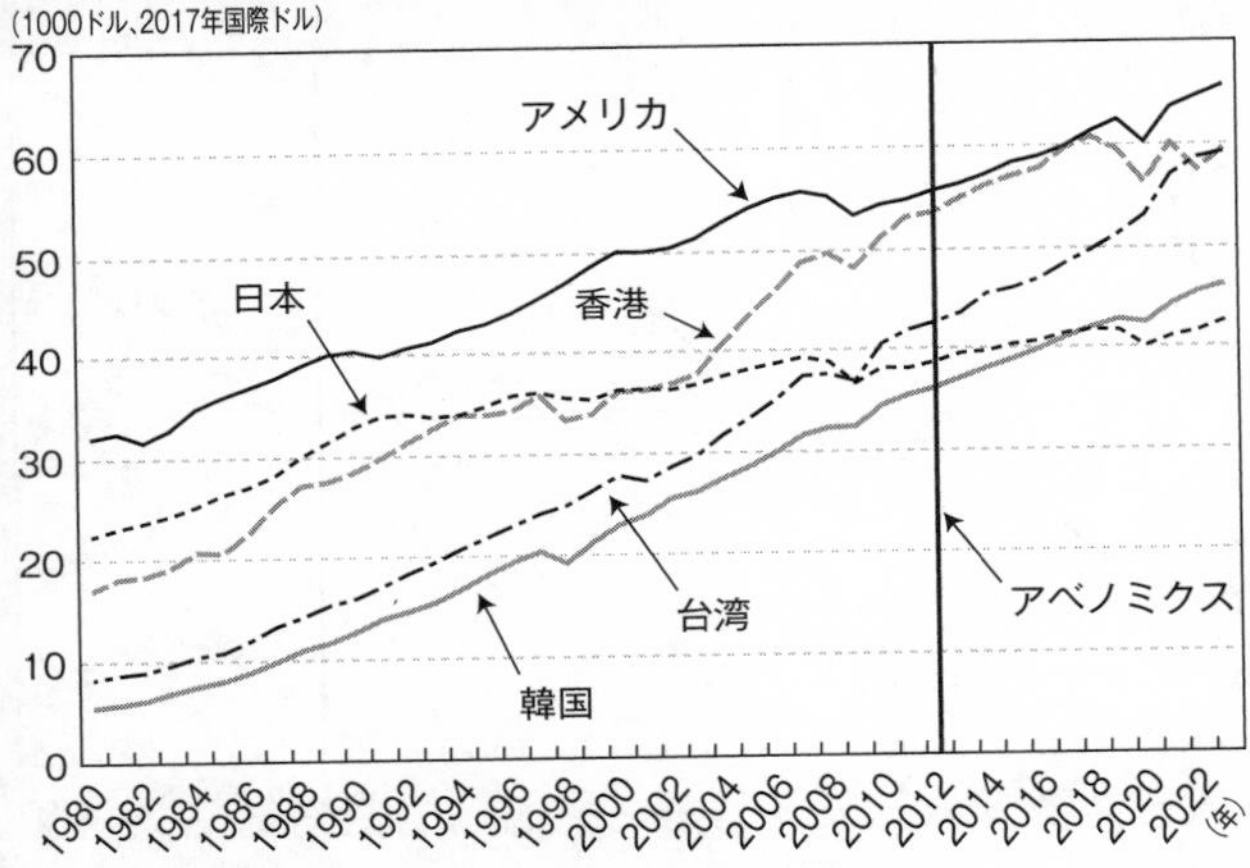

出所：IMF, World Economic Outlook Database, October 2023

るので示していないが、シンガポールは、日本どころかアメリカをも1990年代初めから追い抜いており、2023年で10・9万ドルである（2017年購買力平価ドル）。2023年で、アメリカの1人当たり実質購買力平価GDPは、日本よりも54%も高い。ドイツは27%、フランスは13%、イギリスは9%、イタリアは4%日本より高い。また台湾は39%、韓国は9%日本より高い。つまり、日本人の賃金が伸びないのは、そもそも利潤も賃金も両方、伸びていないからだ。

　これに関して2022年4月21日、テレビ朝日系の報道番組で、著名なエコノミストが「日本は成熟しているから（成長できなくても）仕方がない」と発言したのに対し、コメンテイターの玉川徹氏が「ヨーロッパも成熟しているが、なぜ成長できないのか」と尋ねたところ、高名なエコノミスト氏は何も答えられなかった。

では、なぜ日本は成長し、賃金を上げることができないのか。ここで見ているのは1人当たりの実質GDPや労働時間当たりの実質GDPであるから、ほぼ生産性、ということである。ではなぜ、生産性が上がらないのか。

GAFA欠如論の誤り

GAFA（Google、Apple、Facebook＝現メタ・プラットフォームズ、Amazon）欠如論というのがある。アメリカにはGAFAがあるが、日本にはないからダメだ、という議論だ。最近ではGAFAに代わり、FAANG（Facebook＝同前、Amazon、Apple、Netflix、Google）、MT SAAS（Microsoft、Twillio、Shopify、Amazon、Adobe、Salesforce、マウントサースと読む）などという言葉も使われる（会社名が変わり、先進ハイテク企業と新たに認識される企業もあるのでビッグ・テックといったほうがよいかもしれないが、ここではGAFAとしておく）。日本にはないから成長率が低い、という議論だ。

そうすると、成長率を上げるためには日本もGAFAを生むしかない、という話になる。

ではどうしたらGAFAを生めるのか、と言っても、実は誰も分からない。補助金をつけて日本版GAFAを無理やり生む、ということは考えられるが、その補助金を日本の既存企業への課税で得るなら、そこそこ成功している日本企業の足を引っ張ることになる。

しかし、ドイツにもイギリスにもフランスにも台湾にも韓国にも、別にGAFAはない。成熟したヨーロッパでも成熟していない台湾や韓国も、GAFAはなくても賃金は上がり、成長している。日本より1割から3割、1人当たりの実質GDPが高いのだから、GAFAがないのが日本の決定的な弱さとは言えない。

アメリカに引き離される相対的な生産性

図1-1-4は、学習院大学の滝澤美帆教授が作成した2017年の産業別の日米労働生産性水準の比較である（「産業別労働生産性水準の国際比較～米国及び欧州各国との比較～」日本生産性本部生産性総合研究センター『生産性レポート』Vol.13、2020年5月）。このような図は、Dirk Pilat, "The Sectoral Productivity Performance of Japan and the U.S. 1885-1990," *The Review of Income and Wealth*, Table 4 (December 1993) 以来、さまざまに作成されてきたが、現在、最も信頼できるものはこれである。

図1-1-4　日米の産業別生産性（1時間当たり付加価値）と付加価値シェア（2017年）

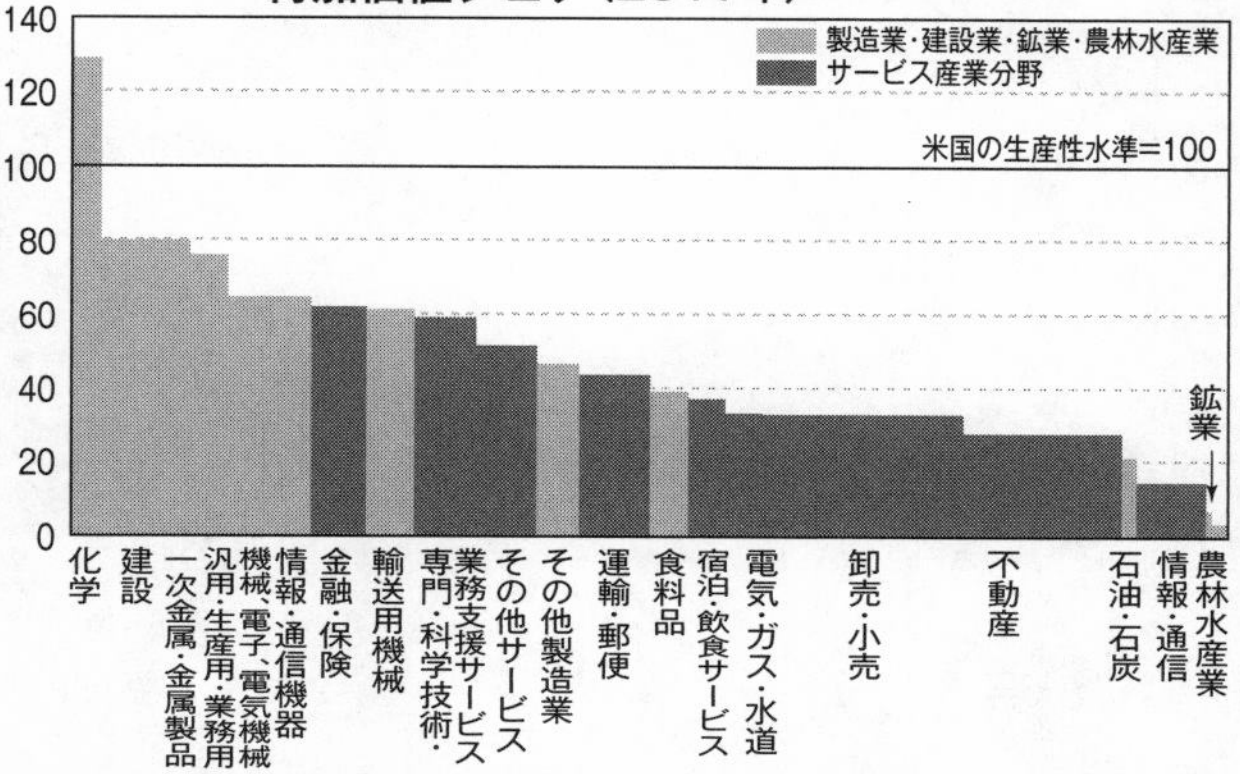

出所：滝澤美穂「産業別労働生産性水準の国際比較～米国及び欧州各国との比較～」日本生産性本部生産性総合研究センター『生産性レポート』Vol.13、2020年5月。
注：縦軸：労働生産性水準（米国＝100）、横軸：付加価値シェア。製造業全体：69.8　サービス業全体：48.7

図から明らかなように、広範な産業分野で日本の生産性が低い。アメリカを100とした生産性で、製造業（建設業なども含む）全体で69・8、サービス業全体で48・7なのだから、アメリカの1人当たり実質GDPが日本の5割以上も高いのは当たり前である。

図1-1-5は、1997年の日米労働生産性の比較である。これを見ると、アメリカを100とした生産性は、製造業全体で72・7、サービス業全体で57・3だった。ところが前述のように、1997年から2017年にかけて、製造業全体で69・8、サービス業全体で48・7に低下している。すなわち、日本のアメリカに対する相対的な生産性は、製造業全体で4・0%（69・8／72・7－1）

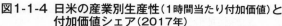

図1-1-5 日米の産業別生産性（1時間当たり付加価値）と付加価値シェア（1997年）

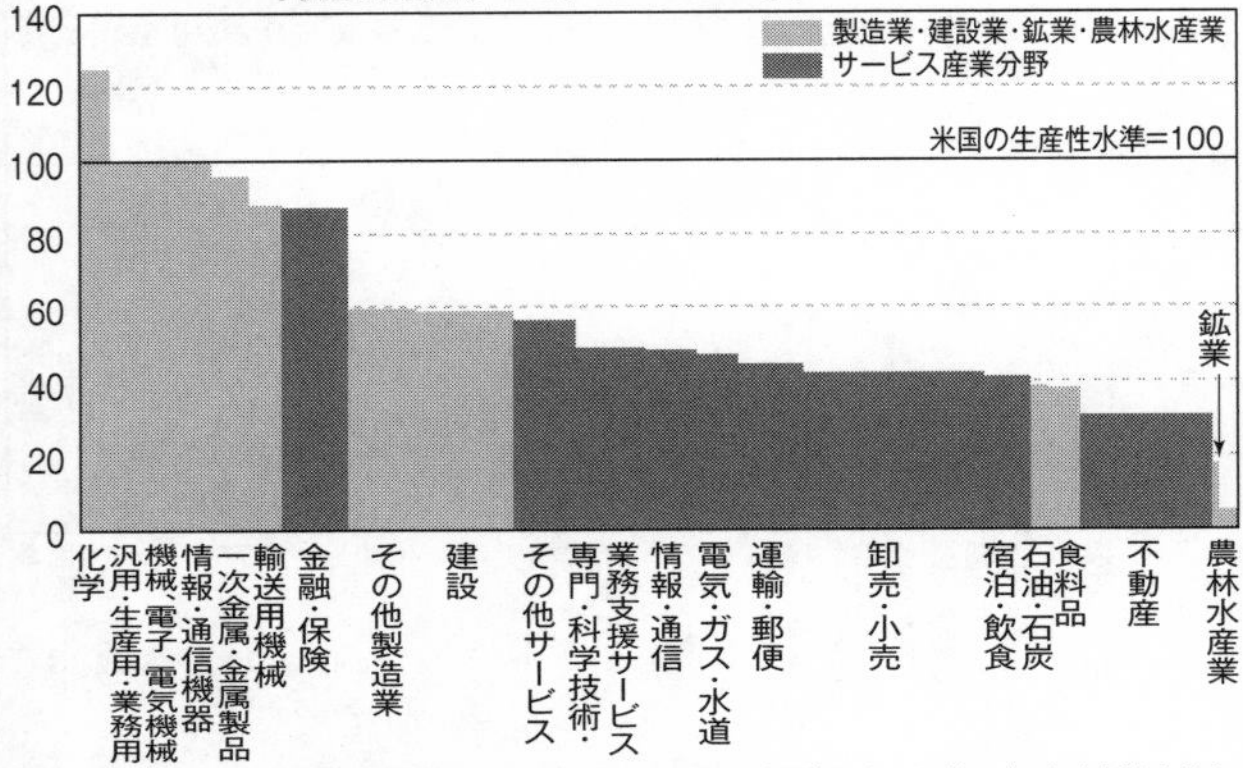

出所：滝澤美穂「産業別労働生産性水準の国際比較～米国及び欧州各国との比較～」日本生産性本部生産性総合研究センター『生産性レポート』Vol. 13、2020年5月。
注：縦軸：労働生産性水準（米国＝100）、横軸：付加価値シェア。製造業全体：72.7　サービス業全体：57.3

低下、サービス業で15・0％（48・7／57・3－1）低下、全体でも1割低下している。

日本のアメリカとの相対的な生産性は、追いつくどころか引き離されている。平均よりましなのは化学、建設、専門・科学技術・業務支援サービス、その他サービス、運輸・郵便、食料品、宿泊・飲食であり、平均以下は、一次金属・金属製品、汎用・生産用・業務用機械・電子・電気機械、金融・保険、輸送用機械、その他製造業、電気・ガス・水道、卸売・小売、不動産、石油・石炭、情報・通信、農林水産業である。製造業でも低下し、情報・通信も大きく低下している。

情報通信業での大きな低下は、たしかにGAFAの欠如が関係しているのだろう。また、アマゾンは小売だから、卸・小売の低さにもＧＡＦＡが関係しているだろう。グローバル競争に負けて、かつグローバル競争と関わらないところでも生産性が低下している。

日本はキャッチアップしなければならない

農業は、低い生産性がさらに低くなっている。農家の高齢化、後継者の不在などによって、零細な農家が生産をやめるのに伴い、新たに農業に参入する人々が増えている。この動きを促進すれば、やる気のある農家に土地が集まり、規模の経済によって生産性が高まり、農業は産業として自立でき、発展できる。

ところが、このような動きを押しとどめているのが、零細な農家の退出を食い止める保護農政である。このようなことをやめれば、日本農業の生産性は飛躍するだろう（本章第2節参照）。

この中で、建設業のアメリカとの相対生産性が、１９９７年の58・１から２０１７年の79・４まで、20％ポイント以上も上昇しているのは心強い。日本生産性本部のレポートでは、この理由として「建設業において、労働生産性格差が20％ポイント超の大きな幅で縮小している。これはオリンピック等の建設需要によるこの時期特殊の要因が含まれている可能性がある」としている。

すなわち、需要が増加したから労働生産性が上昇した、というのだが、それだけでなく、建設業の人手不足に触発されたものがある、と私は解釈したい。人手不足で、省力化投資が進み、労働生産性が上がったのであろう。具体的に考えてみても、鉄骨の組み立て、コンクリートの打設、建物の解体、現場の情報システムで大きな進展があった。

建設業を別として、特定の分野で相対生産性が低下しているだけでなく、幅広い分野で低下している。これは、何か特定の分野で政策を打てば、あるいは特定の分野での誤った政策を正せば直るという話ではない。このように広範な分野での生産性の低下は、「日本はキャッチアップを果たしたのだから、これからは独創性を発揮しないと発展できない」という言説がまったくの誤りであることを示す。これほど広範な部門で遅れているのだから、日本はキャッチアップをしなければならない。なぜキャッチアップできないのかという問題意識が必要だ。

これに関連して、前掲図1-1-3で興味深いのは香港だ。まさにアメリカと同じ所得になったあと、停滞している（これは政治情勢も関係しているだろう）。香港なら、「もはやキャッチアップ型の成長はできない。これからの成長を支えるのは独自性と独創性だ」と言ってもよいかもしれないが、日本でそう言うのは全くの間違いだ。

なお、香港は平均寿命も日本を抜いて世界一である（日本は2位、厚生労働省「令和4年簡易生命表の概況」表5参考、2023年7月28日）。無理やりの延命治療がなされているとも思えないので、健康寿命も世界一だろう。日本が学ぶべきことは世界にはいくらでもある。

厚生労働省によるラダイト運動

なぜキャッチアップできないかといえば、私は、日本の行政のラダイト運動（機械打ち壊し運動）と護送船団行政大好き体質によると思う。

ラダイト運動とは、たとえばコロナ下でのPCR検査が目詰まったことに表れている。PCR検査の目詰まりとは、安倍晋三首相（当時）がPCR検査の拡大を指示しても増加しなかったことである。

PCR検査が増えなかったのはなぜかと言うと、検査を手作業でやっていたからだ。「日本生まれ『全自動PCR』装置、世界で大活躍、なぜ日本で使われず?」（TBSNEWS2320 20/06/29. https://www.youtube.com/watch?v=341BaeFmSOw）というTBSのニュースがあった。検査をピペットで手作業でやっていれば、1日何百万回なんてできない。機械でやればできる。機械でやることを厚生労働省が邪魔していた。この自動機械は日本製で、全世界で使われているのに、厚労省は機械の導入を遅らせた。私は、これは厚労省による機械打ち壊し運動、ラダイト運動だと思う。

韓国は、コロナに対してすぐさま自動機械で大量検査した。検査の生産性は日本の100倍以上だろう。韓国では、あらゆるところでこのような生産性の上昇が実現している。だから、全体として生産性が上がり、賃金が上昇し、日本を追い抜いた。

もう一つは、護送船団行政大好き、競争嫌いの体質だ。2021年の秋以降に、コロナワクチンの第3回接種を6カ月間隔で行おうとしたが、8カ月間隔でないとできないという自治体の反対で、8カ月間隔に落ち着いた。6カ月間隔の自治体がある中で、8カ月間隔でしかできない自治体があれば、そういう自治体は住民に批判される。だから、それは嫌だという。

自治体間の競争で行政効率が上がるのに、あえて自治体の足並みをそろえさせる厚労省の競争嫌い、護送船団行政大好きの体質がある。これがありとあらゆるところにある。競争がなければ、全体の効率は低下するだけだ。これでは賃金は上がらない。変化に反対するのではなく、変化を取り入れて進歩している国から学ばなくてはならない。

エリザベス女王に学べ

『ザ・クラウン』（Netflix）という、エリザベス2世と戦後のイギリス史を描いたドラマがある。1967年のポンド切り下げ時の話だが、王室の厩舎の競走馬が昔はレースで優勝したのに、近年は成績が振るわないことをエリザベス女王が嘆く場面がある。

それで女王はどうしたか。フランスとアメリカの厩舎を訪ね、彼らが科学的方法で競走馬を育成していることを知る。イギリスも学ばなければならない、といって旧態依然の厩舎のトップをすげ替え、新しいトップを任命する。海外の最新の方法を知った新しいリーダーが必要だと認識したのだ。

ＧＡＦＡがないから日本はダメだ、といっても仕方がない。どうやってＧＡＦＡをつくったらいいか、誰も分からない。むしろＧＡＦＡのない国でも賃金が上がり、成長している事実を見て、そういう国がしていることをまじめに真似るべきだ。故・エリザベス女王もそうしたのだ。

成長するためには、生産性の上昇や競争の妨害を排除しなければいけない。これはＧＡＦＡを生むより簡単なはずだ。また競争の妨害がなくなれば、日本版ＧＡＦＡも自然と生まれるかもしれない。変化を取り入れるには、リーダーを変えることも必要だ。

第2節　農業人口が減ることは悪いことなのか

イモが主食の時代に？

アメリカとの相対生産性格差が最も大きい農業について考えてみよう。少なからぬ人々が、農業人口の減少が大きな問題だと考えているようである。「今後、2050年にかけて国内の農業人口が8割も減少し、生産が激減し、必要なカロリーを賄うためにイモが主食の時代がやってくるかもしれないという議論さえある」という記事があった（「農家が8割減る日「主食イモ」覚悟ある？」『日本経済新聞』2023年9月18日）。

この記事は、かなりのところで平野勝也・武川翼「2050年の国内農業生産を半減させないために」（『三菱総合研究所マンスリーレビュー』2022年12月号）に依拠しており、これによると、2020年から50年にかけて農家経営体数は84％減少し、農業生産額は52％減少

図1-2-1　農産物販売金額規模別経営体数

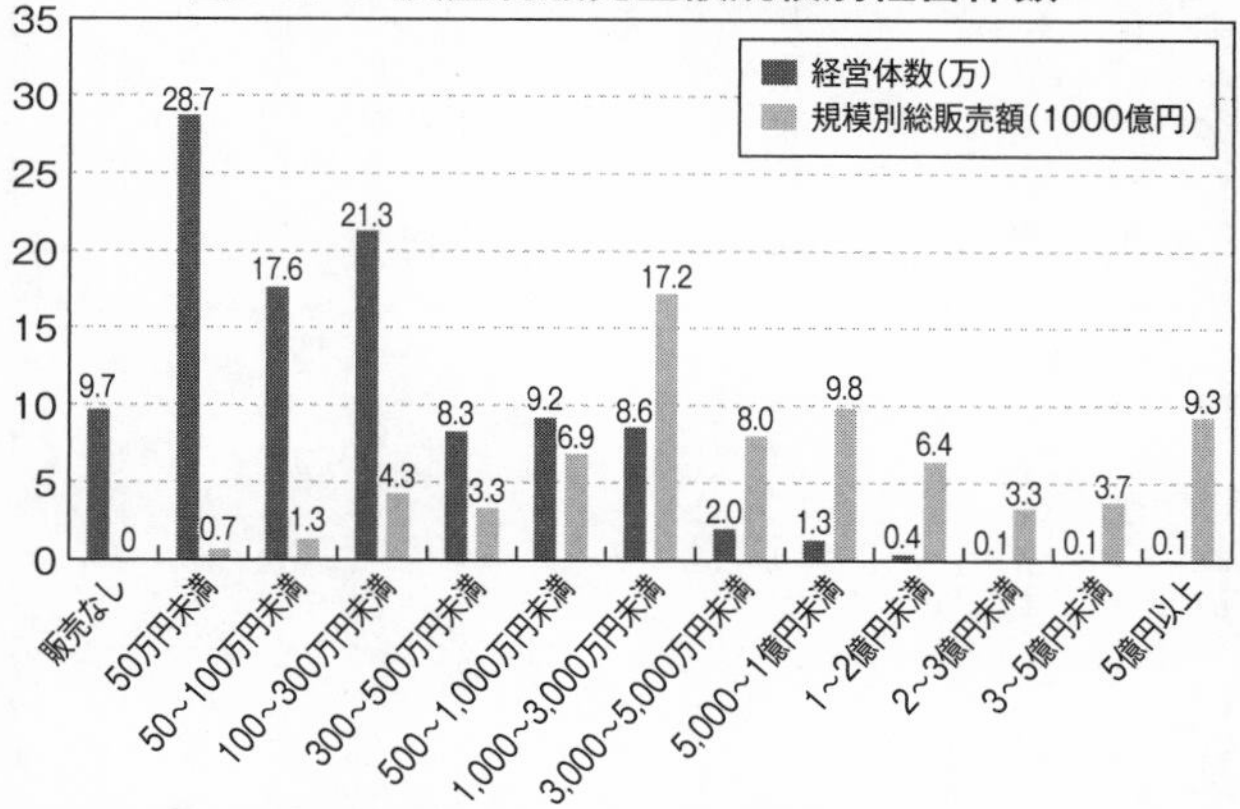

出所：「2020年農林業センサス 確報」農産物販売金額規模別経営体数
注：各区分の平均販売金額は、販売なしは0円、50万円未満は25万円、50 ～ 100万円未満は75万円などとして、5億円以上は7億円とした。

するという。

しかし、こんなことにはならない。その理由を説明しよう。

生産が10％の農家に集まると生産性は飛躍的に上昇

まず必要なのは、現状どのような農家がどれだけの農業生産を行っているかの認識である。図1―2―1は、2020年の農業センサス統計で、農産物販売金額規模別の経営体数を示したものである。

なお農林水産省の統計では、農家ではなくて経営体という言葉を使う。売上が1億円を越すような農家なら、経営体と言ってもよいだろうが、販売のない経営体や、売上が50万円未満の経営体もある。これを経営体と言うのは違和感があるが、本題とは関係がないので、経営体という言葉を使うことにする。

図で濃い色の棒グラフは販売金額規模別の経営体数、薄い色の棒グラフは販売金額規模別の販売額である。直感的に明らかなように、販売金額の少ないところでは多くの経営体があり、販売金額の多いところでは経営体数は少ない。

農産物の販売は、金額の多い経営体に集中している。数でいうと11・8％の経営体が、販売額の77・8％を占めている。すなわち、経営体数が9割減っても、8割の生産物を維持できることになる。

この11・8％の経営体とは、販売額が1000万円以上の経営体である。売上の半分を所得と見なせば、500万円以上の所得のある農家である。決して裕福ではないだろうが、食費や住居費の安さを考えれば、十分に生活できる所得だろう。

さらに、1000万円以上の経営体は12・7万だが、3000万円以上の経営体は4・1万ある。この経営体は裕福と言ってよいだろう。食糧生産が足りなくて大変だという状況であれば、農産物価格は下がらない。現在、1000万円以上の売上のある経営体は廃業する理由がない。あるいは、これ以下の経営体であってもやる気のある農家は、農家が減り、や

図1-2-2 経営耕地規模別経営体数

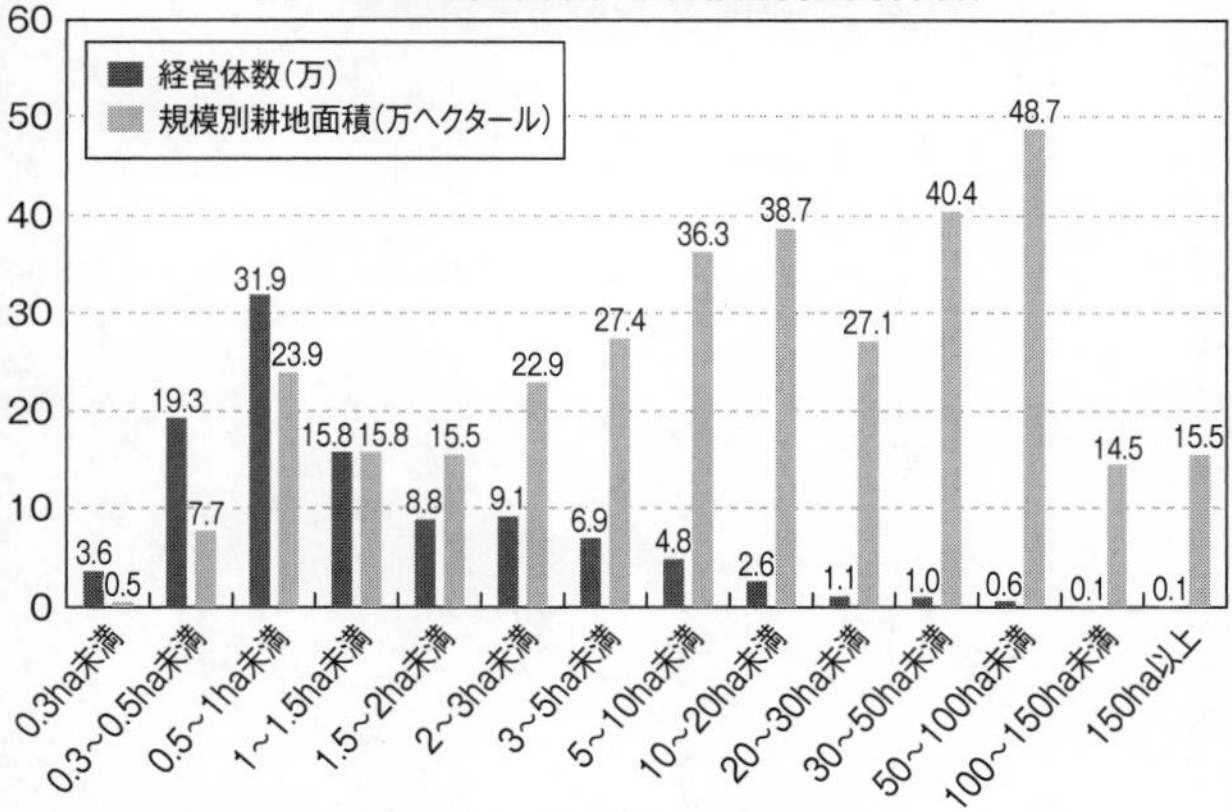

出所:「2020年農林業センサス 確報」 経営耕地面積規模別経営体数
注:各区分の平均経営耕地面積は、0.3ha未満は0.15ha、03 ～ 0.5ha未満は0.4haなどとして、150ha以上は200haとした。

る気のある農家に土地が集まることをチャンスと捉えるだろう。

政府が余計なことをしなければ、農地は10%の人々に集まり、農業の生産性は飛躍的に高まるだろう。

実際にトレンドとしてそうなっている。2015年の農業センサスでは、売上1000万円以上の経営体は9・1%しかいなかったが、20年には11・8%に増えたのだ。

耕地面積でも集中が進んでいる

図1-2-2は、販売額ではなく、経営耕地面積別の経営体数である。経営耕地面積というのは、土地を借りて経営している分も自己所有の耕地に加えているからである。野菜、

果物、畜産、採卵など、必ずしも耕地面積と比例しない売上をもつ農産物もあるが、コメなどではほぼ一致するだろう。

図で濃い色の棒グラフは経営耕地規模別の経営体数、薄い色の棒グラフは経営耕地規模別の経営耕地面積である。規模の小さいところで多くの経営体があり、規模の大きいところで経営体は少ないことが分かる。ここでも規模の大きい経営体への集中が進んでいる。5ヘクタール以上の経営体は9・6%しかないが、耕地の66・0%を経営しており、残りの90・4%の経営体は34・0%しか経営していない。

2015年では5ヘクタール以上の経営体は7・6%しかなかったが、2020年には9・6%となっている。すなわち、大規模な経営体への集中はかなり進んでいるということだ。

従業員が減るのは悪くない

農業生産の集中化が進んでいることは、すでに浅川芳裕氏、窪田新之助氏、山口亮子氏他の優れた農業ジャーナリストによって指摘されていることである（浅川『日本は世界5位の農業大国　大嘘だらけの食料自給率』講談社＋α新書、2010年。窪田・山口『誰が農業を殺すのか』新潮新書、２０２２年）。

企業数や労働者数が減ることがよくない、という思い込みがあるようだ。だが一方で、財界やジャーナリズムは、ゾンビ企業が日本経済の効率を低下させたという、ほとんど根拠のない議論で、ゾンビ企業潰しには熱心であるようだ（ゾンビ企業については、第2章第3節参照）。しかし農業を見れば、生産性の低い企業は、何もしなければ退出していくということがよく分かる。

もちろん、人が減りながら生産性が上がるのでは組織として元気が出ない、というのは分かる。しかし、どんな生産物でも需要は飽和するものであり、食糧需要はとくにそうである。それを避けるためには、手間暇かけた（人を減らさなくて済む）ものを高く売るか、需要の飽和していない海外で売るしかない。手間暇かけたものを高く売るのは果物などでは成功しているようである。特別な野菜やハーブを高級レストランに直接販売するという方法もある。

しかし、これらも限りがある。海外に大規模に売るためには、コストダウンが必要である。そのためにも、農業生産の集中化、大規模化が重要だ。

第3節　1800年代から見る日本経済の成長と停滞

アメリカとの比較で見る停滞の本当の理由

すでに述べたように、1990年までアメリカに順調に追いつき追い抜く勢いのあった日本の経済成長率が低下し、追いつくどころか差を広げられている。なぜこんなことになったのか、と多くの人が議論しているが、戦前にもそういう時代があった。それについて考えることは、現在の停滞についても多くのヒントを得られるだろう。

まず、戦前からの1人当たり購買力平価GDPのデータが必要である。オランダ・フローニンゲン大学のマディソン・プロジェクト〈Maddison Project Database〈MPD〉2020〉が提供しているデータは、紀元1年から現在まで143カ国のGDPデータを整理したものである。

図1-3-1は、1800年からのアメリカを1とした1人当たり購買力平価GDPの推移

図1-3-1 アメリカを1とする主要国の1人当たり購買力平価GDP

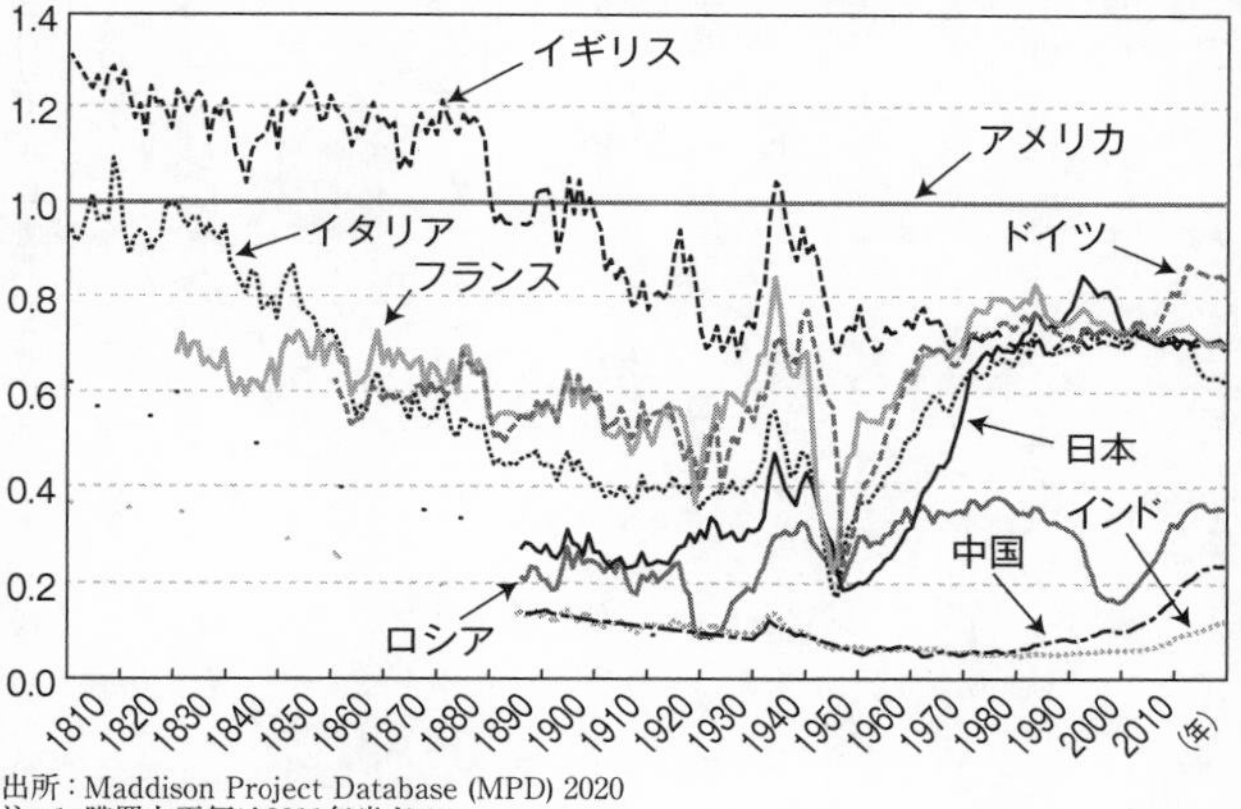

出所：Maddison Project Database (MPD) 2020
注：1. 購買力平価は2011年米ドル
2. ロシアは旧ソ連邦でウクライナやカザフスタンなどを含む。ロシア革命以前の領土とほぼ同じ。ロシア本体であれば1人当たりGDPはこの2割増しと思われる。

を示したものである。アメリカは当然ながら、常に１の直線である。この図の右側を見ると、１９９０年までアメリカとの差を縮めていた日本が、その後停滞し、アメリカとの差が拡大していたこと、２０００年以降、遅れながらもその差を何とか維持している状況にあることが分かる。

日本の停滞が目立っているが、ドイツを除いては他の先進国も停滞し、イタリアは日本以上に停滞していることも分かる。

イギリス７割、フランスとドイツ６割、イタリア４割、日本３割

図の左側からは、アメリカに追いつけなかったのは戦前も同じだと分かる。イギリスは

アメリカよりも豊かだったが、1900年頃に逆転され、その後追いつけないままである。

1800年から1930年代まで、多くの国はアメリカに追いつけていなかった。日本を見ると、鎖国時代にどんどん差を広げられ、開国後もその差は広がっていった。

拡大が止まったのは1900年頃で、何とか差を縮小できるようになったのは10年以降である。なぜかといえば、おそらく第1には第一次世界大戦のおかげである。世界中が戦争で物資不足になったため、日本の低品質の製品も売れるようになり、輸出が急増したからである。

第2には、その後の海外直接投資の受け入れである。東芝にはGEが、三菱電機にはウェスチングハウスが、古河にはシーメンス（富士電機）とグッドリッチ（横浜ゴム）が資本参加し、フォードとGMは部品を輸送し、輸出先の現地で組み立てるノックダウン生産を開始した。彼らは日本で技術指導を行い、その結果、技術は他の企業にも流出する。この恩恵が、日本のキャッチアップを助けたのである。

1930年代に多くの国でアメリカとの格差が一挙に縮小しているのは、世界大恐慌の影響がアメリカでとくに大きかったからである。他の先進国が発展して差が縮小したのではなく、アメリカが落ち込むことによって差が縮小したのだ。大恐慌は世界的だが、影響は国によって、その大きさも時期も多少は異なっていた。追いつけなかった中国とインドも、大恐慌時にはアメリカとの差を縮めている。また、大恐慌後のアメリカに対する各国の落ち込みは、第二次世界大戦による破壊のためである。

大恐慌と大戦の影響を捨象してみると、１９２０年代にアメリカの３割から７割の水準であった国々（イギリス７割、フランスとドイツ６割、イタリア４割、日本３割）が、戦後はアメリカの７割の水準にまで追いつけるようになった。この中で、ドイツはアメリカの９割の水準に近づき、イタリアは６割の水準に落ち込んでいるということである。

戦前の日本が３割の水準にしか追いつけなかったことは、経済パフォーマンスが悪かったのだと考える方も多いだろうが、必ずしもそうではない。絶対レベルでは日本は成長し、ヨーロッパの貧しい国の水準には到達した。図の通り、日本は、ロシアには追いつき追い越し、図では省略したがスペインに追いつき、一時はイタリア並みとなった。なお、ロシアの１９１０年代の低下は第一次世界大戦と革命に伴う内乱、90年代はソ連崩壊の混乱によるものである。

負けを認めて学ぶこと

なぜ日本は、第二次大戦前にはアメリカに追いつくのに四苦八苦し、戦後は奇跡的に成長してアメリカに追いつく勢いを示し、1990年代以降は停滞しているのだろうか。

これは日本だけの話ではない。大恐慌以前、イギリスはアメリカの7割、ドイツとフランスは6割、イタリアは4割、日本は3割の水準でしかなかった。ところが戦後、いずれの国も7割の水準になった。

そうなったのは、アメリカに負けたことで学んだからである。もちろん、イギリスやフランスがアメリカに負けたわけではないが、アメリカの力がなければ第二次大戦に勝てなかったことを戦後、痛切に自覚したからだと思う。アメリカは技術、制度、文化、あらゆるものが優れており、高い生活水準と戦争に勝利する生産水準を得ることができた。一方の日本やヨーロッパは、自国はそうでなかったと認識したのである。つまり、負けを認めて学ぶことが成長をもたらしたと私は考える。

ところが多くの日本人は、1980年代から日本は世界の最先端に行ってしまったから、もう追いつき型の成長はできない、と言い出した。図に見たようにアメリカの8割余まで追いついただけなのに、である。追いついてもいないのに最先端だと言い張るのは、事実を無視したうぬぼれである。よって、負けを認めてアメリカを学ぶことが日本経済再生の道であると私は信じている。

立正大学の吉川洋教授も「他の先進国と比べてみたとき、日本の経済社会に問題はないか。……外国を鏡として日本の経済社会を素直に見直すことは大切なことだ。そうすれば日本の進むべき方向も自然に見えてくる」と述べている。また、「これはアダム・スミスの方法論でもあった」とも述べている（吉川洋「需要創出型の構造改革を進めよ」現代経済研究グループ『停滞脱出―日本経済復活への提言』日本経済新聞社、2003年）。

東京以外の府県の〝追いつき〟

これは日本国内にも当てはまる。図1-3-2は、東京を1とした各都道府県の1人当たり県内総生産を示したものである。図に見るように、日本国内では、最も1人当たり所得の高い東京への東京以外の府県の〝追いつき〟が生じている。東京を1とした各府県の数字は平均として上昇している。これは、図の全県平均の推移を見れば分かる。

ただし、ここで1996年から90年末まで東京との格差が開き、その後縮小している。97

図1-3-2　1人当たり県内総生産の推移（東京を1とする）

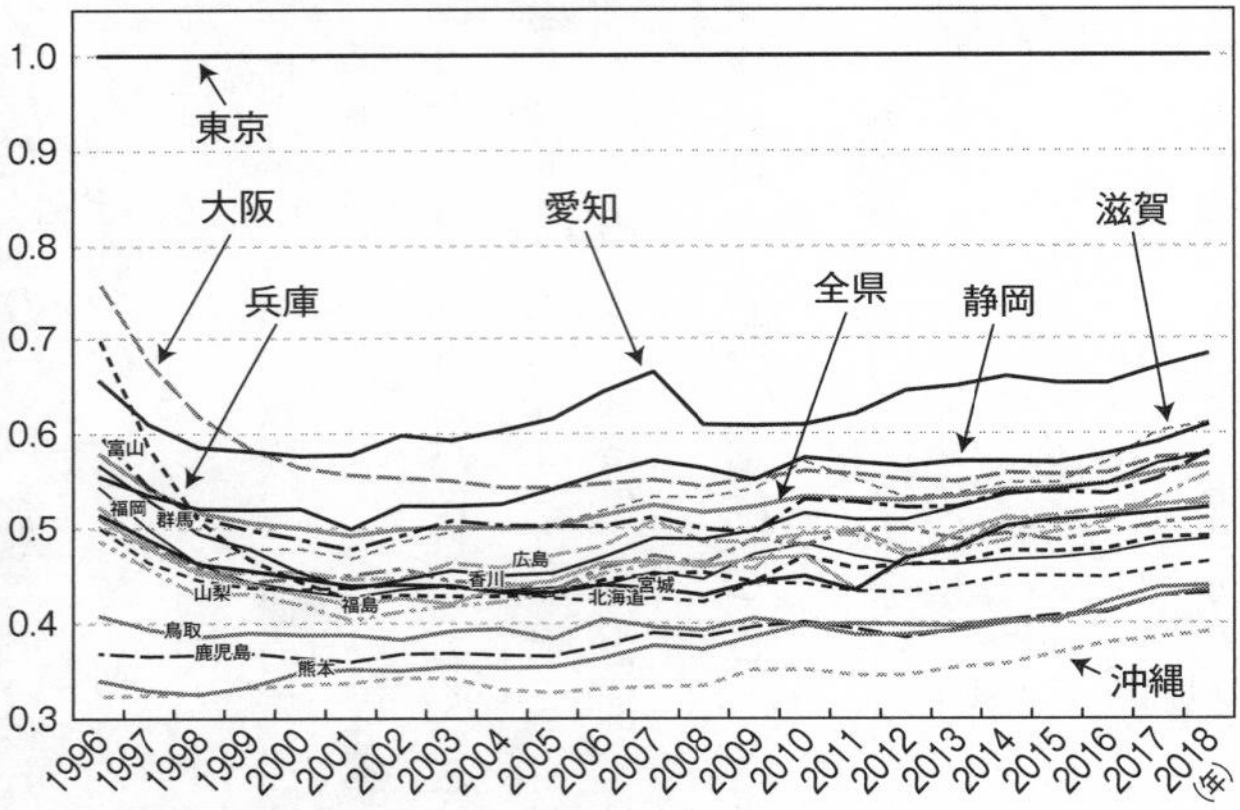

出所：内閣府「県内総生産（生産側、実質：連鎖方式）」
注：県内総生産は、異なる系列のデータを継続している。グラフを見やすくするために、北海道から3つおきに都道府県を選んでいる。ただし、愛知、大阪、沖縄は追加している。

年、98年はアジア通貨危機、日本の金融危機の時代である。おそらく、アジアの需要激減、円高（円高が経済に与える影響については第3章第4、5節参照）、金融危機による金融収縮、97年の消費税増税によって大不況が生じた。この不況は東京よりも地方に大きな影響を与えた。結果、地方と東京の差異が大きく開いた。とくに大阪圏の凋落が甚だしい。

しかし2000年以降、各道府県は、東京との差異を縮めていった。各府県が東京に対してできていることを、日本全体でアメリカに対してすればよい。

第4節　分配を変えて日本の賃金を引き上げられるか

労働分配率が低下した理由

日本の賃金が長期的に上がっていないことはすでに述べた。では、どうしたら賃金を上げることができるだろうか。最近、聞かれなくなってしまったが、「新しい資本主義」では分配が大事ということだった。岸田文雄首相の唱える「新しい資本主義」の分配政策では「給与、人への分配はコストではなく、未来への投資だ」と指摘していた（「首相『成長戦略』官民で」『読売新聞』２０２１年12月23日）。

国民所得（ＧＤＰから資本減耗を引いたもの）とは、すべての賃金と利潤を足したものだ。そこで国民所得の労働と利潤の配分を労働に有利にすれば、実質賃金を上げることができるはずだ。

図１−４−１は、主要国の労働分配率（雇用者報酬÷国民所得）を示したものである。概念

図1-4-1 主要国の労働分配率

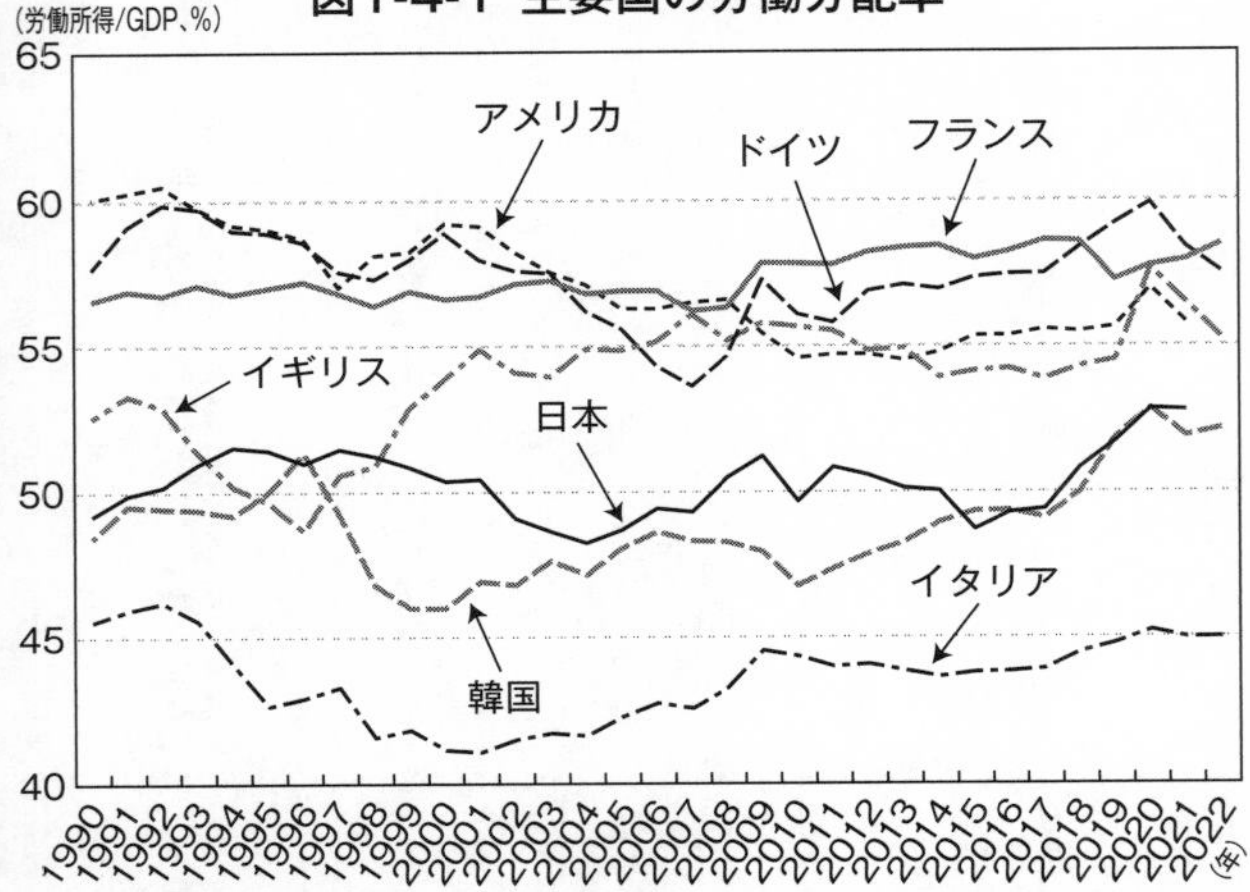

出所：OECD iLibrary, Employee compensation by activityTotal, % of gross value added.

的には、自営業者の所得も、賃金分と利潤分に分けて、賃金分を労働の分配分に加えるべきだが、それは煩瑣であまり当てにならない数字を作ることになってしまう。そのため、OECDの作成している労働分配率は雇用者報酬、すなわち雇われている人の賃金のみを国民所得で割ったものである。

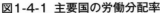

このように計算すると、自営業者の多い国では労働分配率が低くなる。イタリアの労働分配率が低いのは自営業者が多いからだろう。日本や韓国の労働分配率の低さについても同じことが言えるだろう。

日本、韓国、イタリアを除くと、1990年代の終わり以降、労働分配率はあまり動いていないが、この中でアメリカの分配率の低下が目立っていた（最近はわずかながら上昇している）。

これに関してはさまざまな議論があるが、OECDの分析によれば、労働が資本で置き換えられていること、海外製品の輸入によって賃金が低下していること、GAFAのようなスーパースター企業の利益率がきわめて高いことなどから説明できるという（C. Schwellnus, M.Pak, P. Pionnier and E. Crivellaro〈2018〉"Labour share developments over the past two decades: The role of technological progress, globalisation and "winner-takesmost" dynamics" OECD Economics Department Working Papers, No. 1503)。

労働分配率を上げても賃金上昇には限度がある

では、労働分配率を上げることによって、どれだけ賃金を増やせるだろうか。すべての国の労働分配率が、アメリカの労働分配率のピーク、1992年の60・5％になったと仮定して各国の賃金を計算すると、図1-4-2のようになる。

労働分配率が高まれば、当然、アメリカを含めどの国の賃金も増加する。しかし、労働分配率は一定だから、賃金が継続的に上がるわけではない。日本やイタリアの賃金が上がらず、韓国の賃金が急速に上昇し、それ以外の先進国の賃金は着実に上昇したという結果は何

図1-4-2 労働分配率をアメリカのピーク並みとした場合の平均年賃金

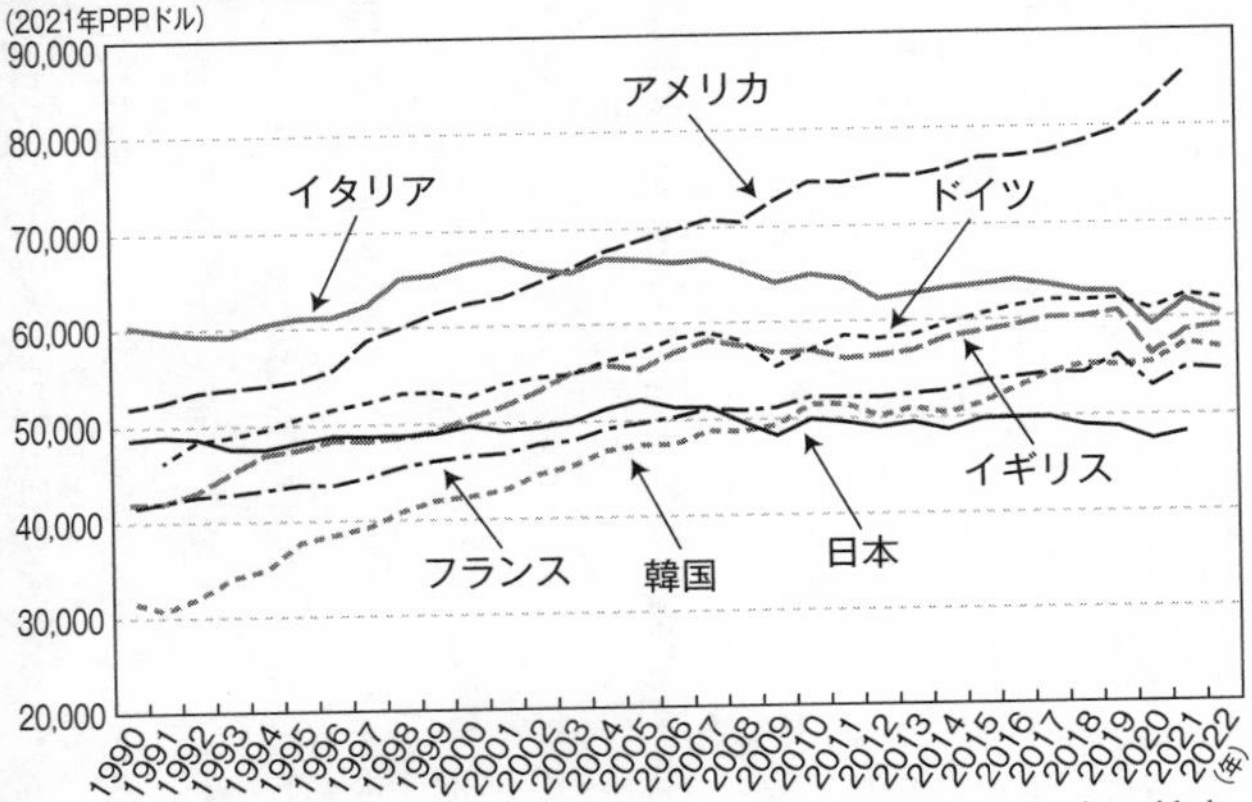

出所：OECD iLibrary, Employee compensation by activityTotal, % of gross value added.
OECD.Stat, Average annual wages ：Table N1. Real average annual wages
注：OECD労働時間調整賃金。1990年は2021年価格のデータを修正

も変わらない。賃金を上げるには、分配よりも成長が大事という当たり前の結果にしかならない。そのためには、繰り返しになるが生産性の上昇が大事だということだ。

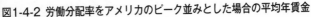

第5節　問題は人口減より1人当たり所得が伸びないこと

日本の所得はアジアの中でも低迷

人口減少が大問題になって、政府は2023年1月4日、「異次元の少子化対策」という、これまでとあまり代わり映えのしない政策を打ち出した。しかし、問題は人口よりも1人当たりの所得が伸びていないことではないか。

図1–5–1は、日本の1人当たり実質購買力平価国内総生産（GDP）（2017年国際ドル）の推移を、アジアの主要国とともに示したものである。

ここでアジアの主要国としているのは、中国、インド、韓国、台湾、東南アジア諸国連合（ASEAN）10カ国（インドネシア、カンボジア、シンガポール、タイ、フィリピン、ブルネイ、ベトナム、マレーシア、ミャンマー、ラオス）である。シンガポールはもちろんASEAN加盟国だが、所得が高すぎて他の国のグラフが見にくくなるので、図からは省略している）。

図1-5-1 アジア主要国の1人当たり実質購買力平価GDP
（シンガポールを除く）

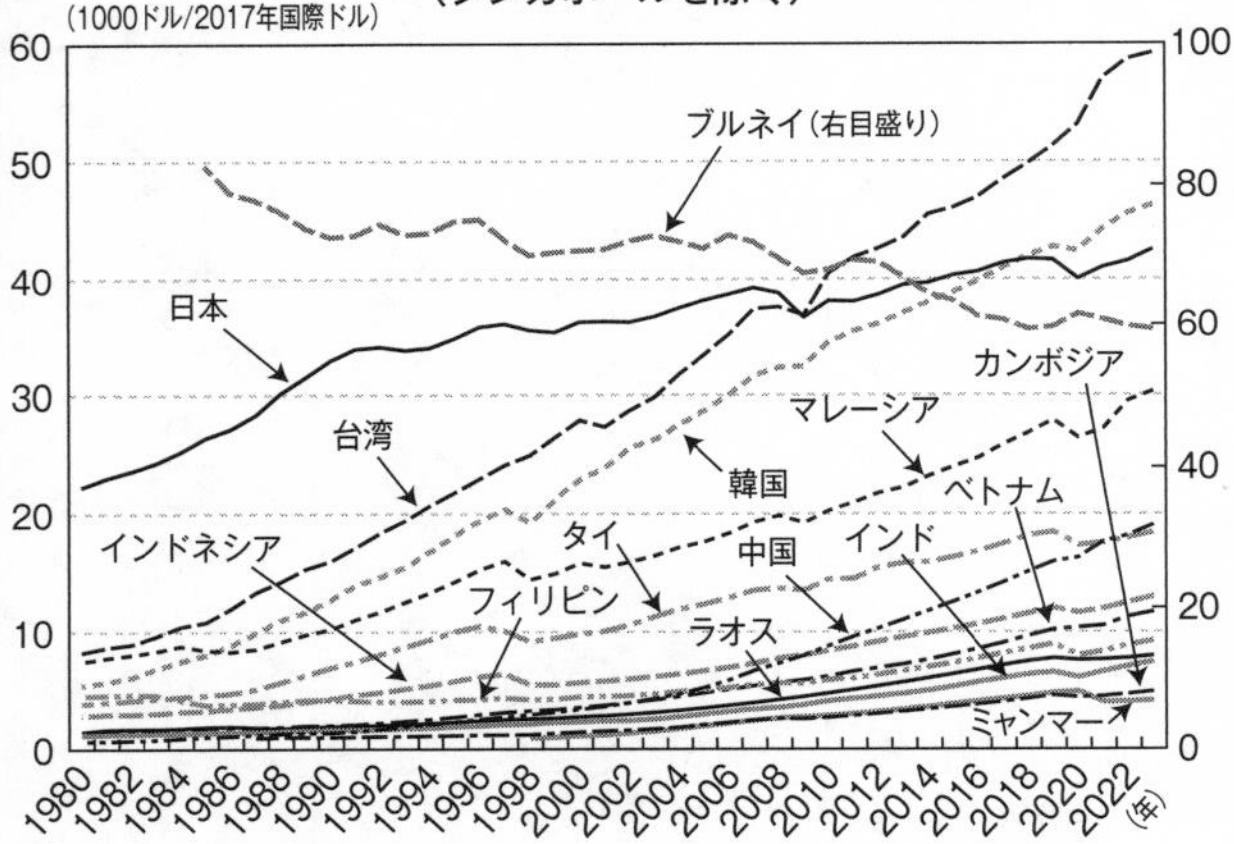

出所：IMF, WEOdatabase, October 2023.

国の数が多くて分かりにくいが、アジアはどの国でも、初期のレベルから順調に上昇していることを見ていただきたい。

一方、日本の１人当たりＧＤＰは１９９０年以降、ほとんど伸びていない。ところが、先述のように、シンガポールは驚異的な伸びを示して２０２３年で10・９万ドルである（日本は４・３万ドル）。ブルネイ（右目盛り）は１９８５年で８・３万ドルという高いレベルから徐々に減少する、という特異な動きをしている。天然ガスの富をわずかな人口（２０２３年で43万人）で分け合って豊かなのだが、人口が増えれば１人当たりＧＤＰは縮小する。日本が停滞している間に、台湾、韓国が日本を追い越している。

マレーシアもかなりの勢いで日本に近づいている。タイは日本ほどではないが停滞しており、日本に追いつくのはかなり時間がかかりそうである。その下では、中国が急速に伸びている。

台湾と同じだけ成長していたら税収も給与も１・３倍に

人口が大問題だとされているのだが、国力という観点でも、国力の基本は１人当たりＧＤＰ×人口ではないか。人口が増えなくても１人当たりＧＤＰが増えれば国力は維持できる。年金も維持できる。

国防の観点からも、ドローン兵器の活躍を見れば、かなりの部分を人口ではなく技術力でカバーできるのではないか。技術の基礎は経済力である。

台湾が日本を追い越したのは２００９年である。09年から、日本が台湾と同じだけの成長をしていれば、日本の22年の１人当たりＧＤＰは５・９万ドルとなっている。現実の４・５万ドルの１・３倍だ。税収も１・３倍以上になることになる。

もちろん、民間の給与も１・３倍になっているのだから、公務員賃金も上げないといけない。ＧＤＰが増えれば増やさないといけない支出もあるので、全部が財政赤字の減少には使えないが、財政も大きく改善するだろう（成長と税収の関係については第4章第2、3節参照）。

アジア諸国と人口推移を比較すると

次に、人口を見てみよう。図1-5-2は、2028年までの予測を含めた人口を示している。国際通貨基金（IMF）は1人当たりGDPでも28年までの予測をしているが、こちらはあまり当てにならないと考えて23年までとした。人口の場合は、ある程度は当てになると考えられる。

アジアの中ではインドと中国の人口が圧倒的なので、両者は右目盛りにしている。ここで中国も人口が減少し、2023年ではインドが世界一の人口を有している。

両者を除くと、インドネシアが人口大国なのが分かる。ここでも日本の人口が減少し、フィリピン、ベトナムの人口が増加していることが分かる。

人口が相対的に少ない国の動きが分かりにくいので、2028年で人口6000万以上の国、インド、中国、インドネシア、日本、フィリピン、ベトナム、タイを除いたのが図1-5-3である。図を見ると、韓国も台湾も人口が減少することが分かる。韓国や台湾の人口が減少していくことを考えると、人口が減っても1人当たりGDPが減るわけではないこと

図1-5-2 アジア主要国の人口（2028年まで予測）

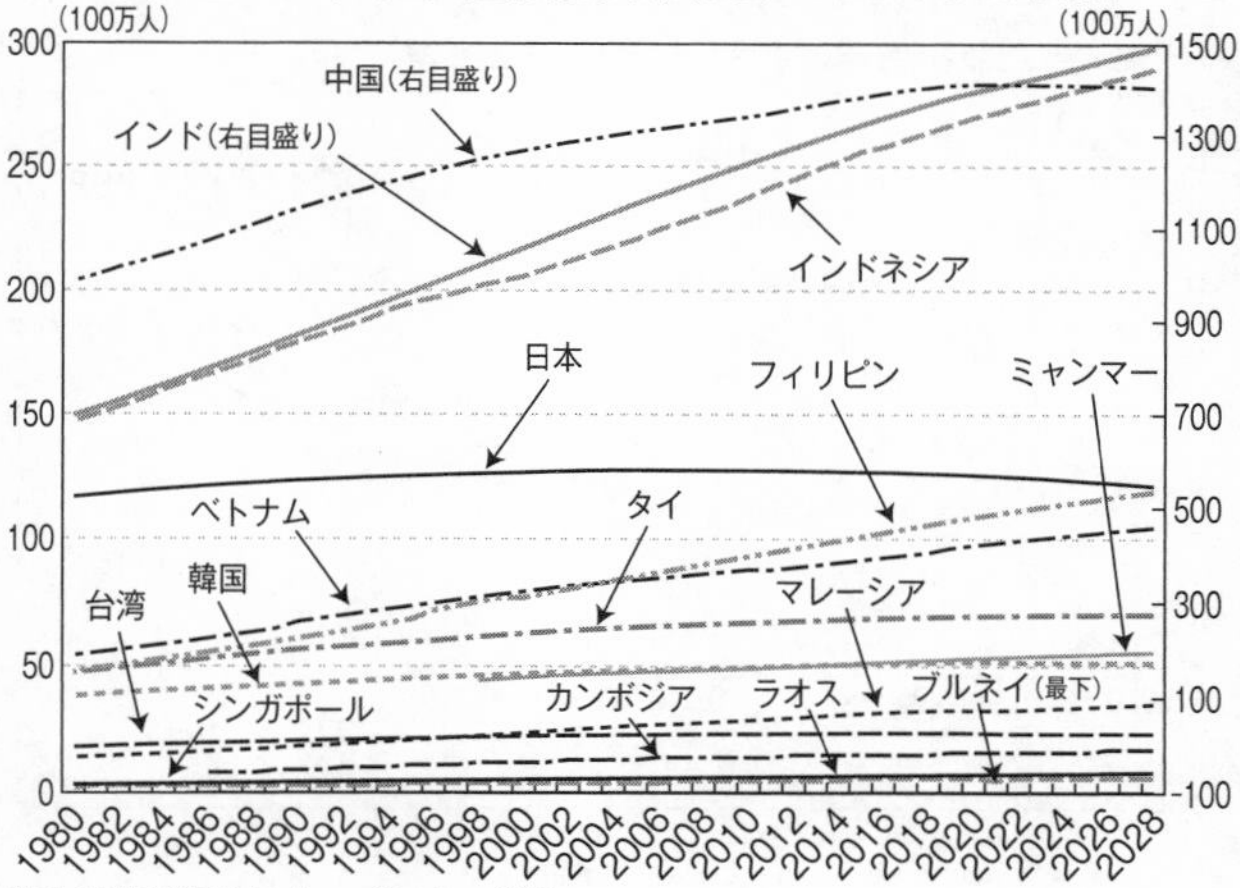

出所：IMF, WEOdatabase, October 2023.

図1-5-3 アジア主要国の人口（2028年までの予測）2028年で人口6000万以上の国を除く

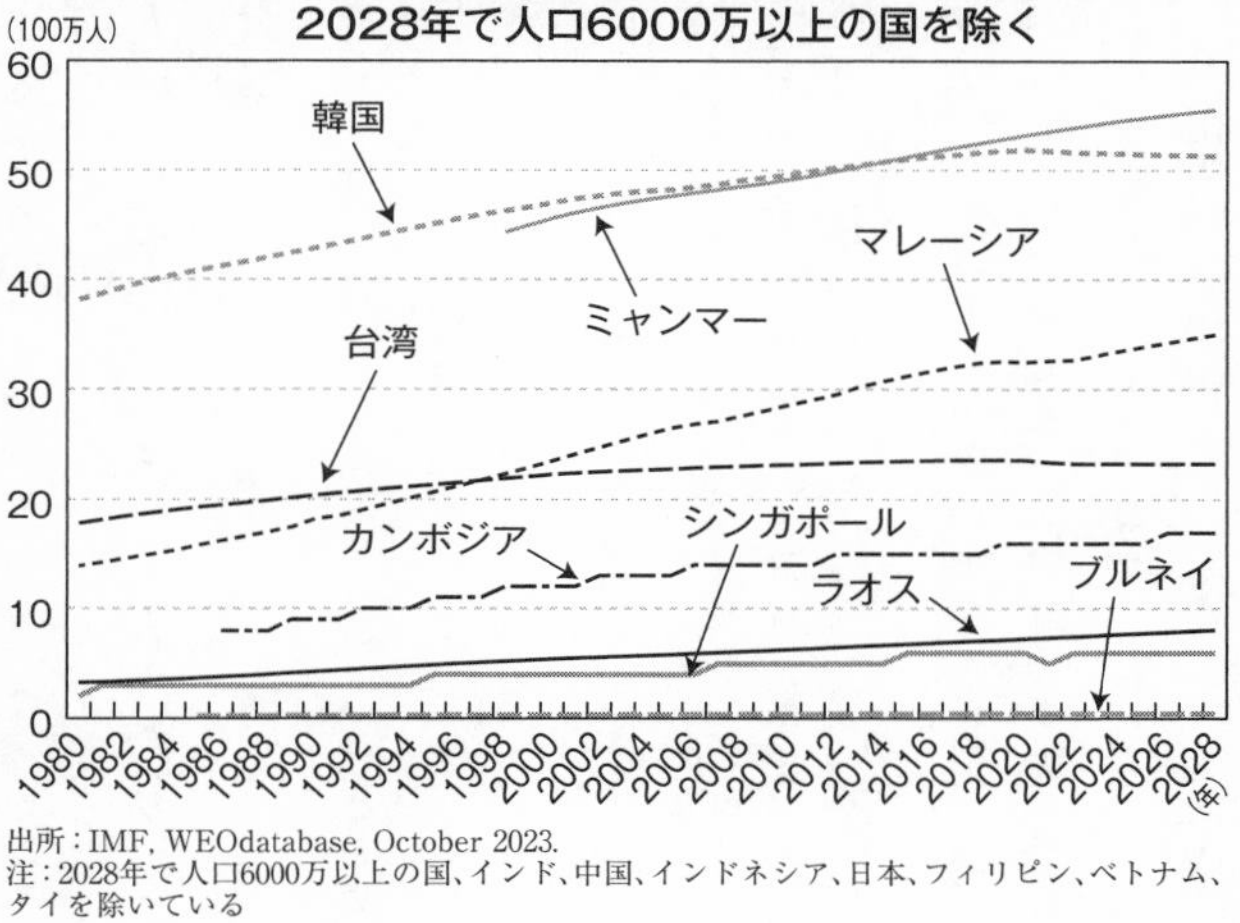

出所：IMF, WEOdatabase, October 2023.
注：2028年で人口6000万以上の国、インド、中国、インドネシア、日本、フィリピン、ベトナム、タイを除いている

図1-5-4　人口増加率と1人当たり実質購買力平価GDP増加率の関係

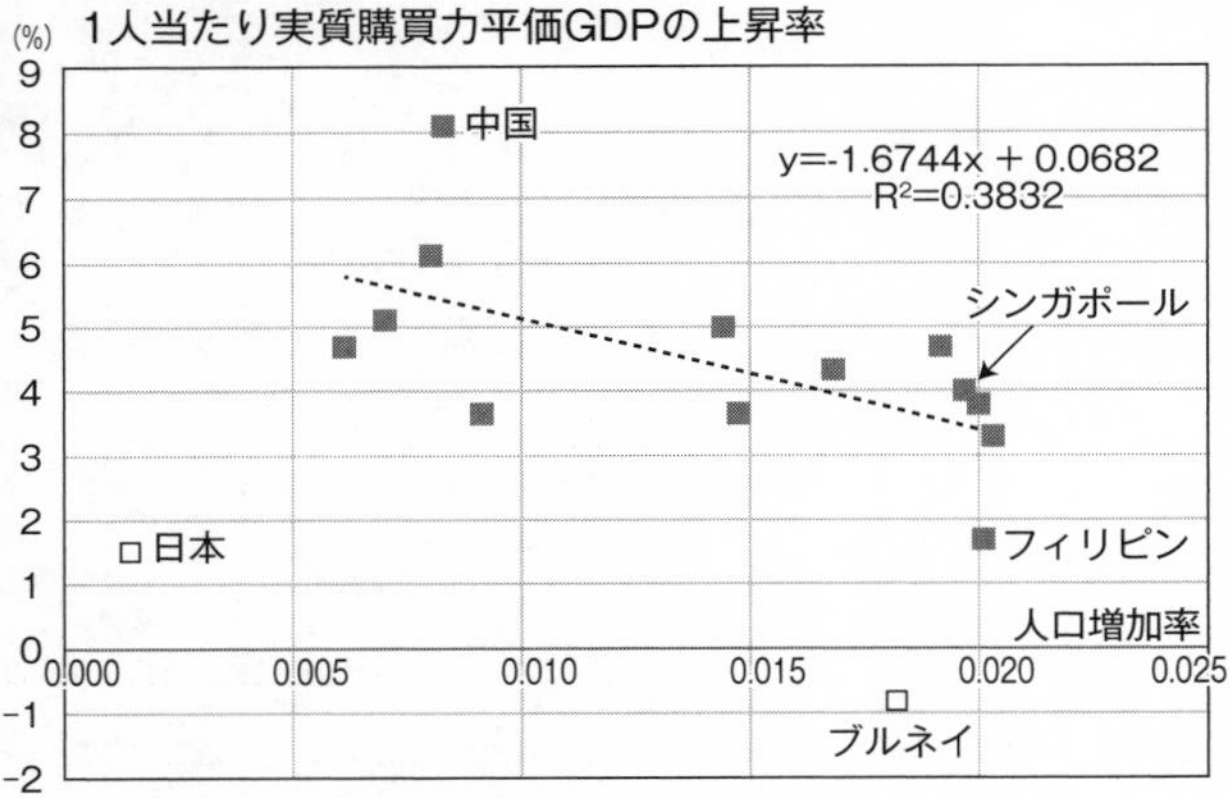

出所：IMF, WEOdatabase, October 2023.
注：回帰式と決定係数は日本とブルネイを除いたもの

がよく分かる。

人口増加率が低いほど1人当たりGDPの成長率が高い

そもそも、人口と1人当たりGDPとの関係はどうなっているだろうか。それを見たのが図1-5-4である。

図は縦軸に1人当たりGDPの年平均成長率、横軸に人口の年平均増加率を示したものである（1980年から2023年までの増加率）。図に見るように、日本とブルネイを例外として、人口増加率が低いほど1人当たりGDPの成長率が高いことが分かる。決定係数は図中に示されているように0・383と、相関関係がある（回帰式と決定係数は日本とブルネイを除いたもの）。

これを見ると、日本は明らかな外れ値である。人口が増加しないほうが１人当たりＧＤＰを増やすためには有利であるのに、その利点を使えなかった国ということになる。

人口減よりも深刻なこと

多くの人は、人口減少が日本のもっとも重大な問題と考えているようである。しかし、１人当たりＧＤＰが伸びなかったことのほうがさらに大きな問題ではないか。

なぜ政治家や役人が人口に夢中になるかというと、人口が増えないのは、誰のせいとも特定できないからだろう。１人当たりＧＤＰが伸びないのは、私に言わせれば金融政策の誤りで景気回復を度々遅らし、構造改革ができなかったからだ。金融政策の誤り説には賛同しない人が多いことを承知しているが、ほとんどの人が構造改革をできなかったことには同意する。

しかし、どういう構造改革をすべきだったかについては多くの人が答えられない。私は、これまで述べたように、あらゆる分野で生産性の上昇を邪魔するような政策が行われているからだと答えたい（金融政策の誤りについては、第3章で説明する）。

多くの人々が、人口減少が問題だという。たしかに問題だが、1人当たりのGDPが増加しないことのほうが、より大きな問題ではないか。国際比較をすると、人口が減少している国ほど1人当たりのGDPが増加する傾向があるのに、日本は外れ値である。

日本がこのような外れ値になるのは、生産性を上げようとすると、あらゆるところで邪魔が入るからだ。異次元の少子化対策よりも、まずこのような邪魔を除去することが大事である。

第6節 日本の生産性が伸びないのは資本ストックが足りないから

1人当たりの資本ストックが増えれば実質GDPも増える

多くのエコノミストは、成長にはTFP（全要素生産性）の成長が大事だという（たとえば、林文夫編『経済停滞の原因と制度』勁草書房、2007年）。

TFPとは、経済成長のうち、資本と労働の寄与では説明できない部分である。労働者が増えれば経済は成長するだろうが、たんに増えただけでは1人当たりの生産物は増えない。資本が増えれば労働者1人当たり生産物は増えるだろうが、それには限度がある。同じ機械をいくら増やしても、労働者当たりの生産物の上昇はやがて増えなくなってくる。だから、労働にも資本にもよらないTFPが大事で、これは技術進歩と見なされる。

議論は正しいが、新しい機械には新しい技術が体化されている。機械を新しくすれば技術も進歩する。

図1―6―1は、G7諸国と韓国の1人当たり実質GDPと1人当たり資本ストック（どちらも2015年実質ドル）を示したものだ（以下、煩雑さを避けるために、たんに資本ストック、GDPとする）。フランスを除いては、資本ストックが増大するにしたがってGDPも増大するという関係が明らかである。

ここでいう資本ストックには、民間の資本ストックだけでなく、公共資本ストックも住宅資本ストックも研究開発資本も含まれている。なぜ住宅資本も入っているかといえば、GDPには自宅を借りていると仮想した家賃（帰属家賃）も含まれているからである（普通に払っている家賃は当然、付加価値としてGDPに入っている）。また、韓国の資本ストックは名目の純固定資産から私がかなり無理に実質化しているので、あまり当てにはならないことを白

図1-6-1　1人当たりGDPと1人当たり資本ストック（いずれも実質購買力平価2015年価格、1000ドル、%）

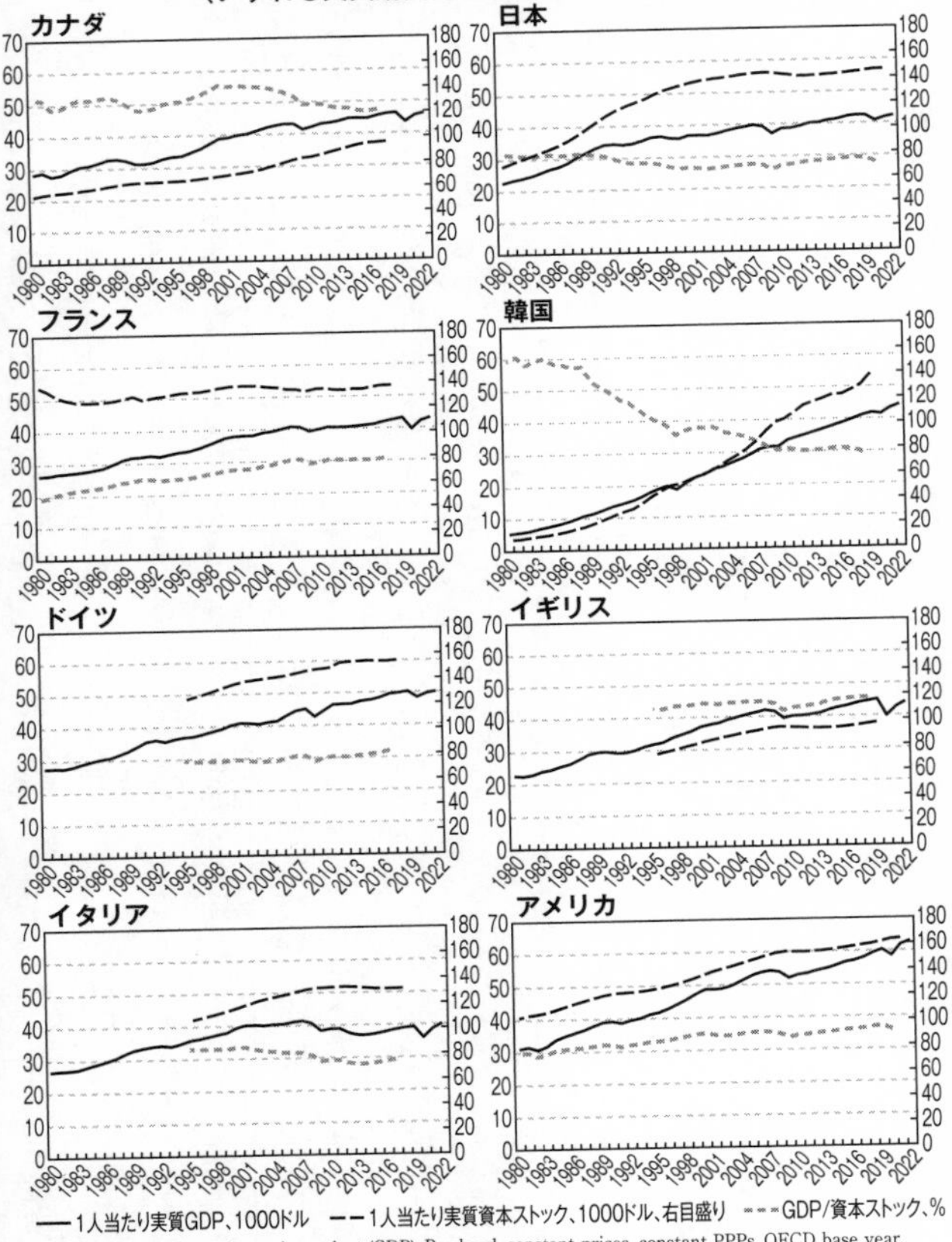

出所：OECD.Stat, Gross domestic product (GDP), Per head, constant prices, constant PPPs, OECD base year. Fixed assets by activity and by asset, ISIC Rev. 4, Net fixed asset, Total, Constant prices, national base year. 韓国はCurrent price. 日本は、内閣府「国民経済計算」実質GDP暦年、四半期別固定資本ストック（実質原系列）、各年の数字は12月末の数字。

注：1人当たり実質GDP、1人当たり資本ストックは実質購買力平価ドル（2015年価格）。資本ストックは純固定資産。資本ストックの実質化は、各国の実質純固定資産額を2015年の実質購買力平価レートでドル換算したもの。韓国の純固定資産額は名目なので、まず名目購買力平価レートで名目ドルの系列を作り、次に実質購買力平価為替レートと名目購買力平価為替レートの比で実質化したもの。本来、過去の名目資産額は過去の物価水準で実質化しなければならないが、そうしていないので過去の資本ストックが過小になる。それを避けるために、不十分な方法であるが、5年間の後方平均値を実質資本ストックの値とした。

状しておく。

フランスの資本ストックは、1980年代からほとんど伸びていないのにGDPは増大している（この理由については後述）。しかし、それ以外の国では、資本ストックとGDPは連動している。

もちろん、資本ストックが同じでも、不況の時にはGDPは低下する。1992年、2000年、2009年、2020年には低下している。これはそれぞれ1992年不況（それ以前の景気の過熱とインフレを抑えるために、世界的に金融が引き締められた）、2000年のITバブルの崩壊、リーマン・ショック、コロナショックのゆえである。日本と韓国では、これらに加えて1997―98年のアジア通貨危機（日本は不良債権による銀行危機という独自の危機も加わった）の影響も見える。

需要に応じて工場や店舗や宿泊設備やオフィスなどの資本ストックを積み上げていたら、需要が突然消滅してしまった。それでは資本ストックがあっても役には立たない。しかし、突発的事態が一段落すれば、資本ストックに応じてGDPが伸びる。

日本についてさらによく見ると、1980年代は、資本ストックの増加とともにGDPが順調に伸びていた。90年代になると、資本ストックは伸びていたが、GDPが伸びないという状況になった。2000年以降は、資本ストックもGDPも伸びなくなった。10年以降は資本ストックの伸びがやや回復し、GDPの伸びもわずかながら回復しているように見える。

新しい資本には新しい技術が入る

資本ストックが増加すればGDPも伸びるというのは当たり前のようだが、資本ストックを増やせばGDPは必ず伸びるとは言えない。なぜなら、技術革新により素晴らしい投資機会があるから投資を拡大し、結果として資本ストックが伸びているのかもしれないからだ。必要なのは技術革新であり、資本ストックを無理やり拡大することではないかもしれない。

中国の「債務の罠」にはまって、使わない港湾や空港や鉄道を建設しても資本ストックは伸びる。一時的にはGDPも伸びるだろうが、それは長期的には所得を生み出さないから、債務返済ばかりが増えてGDPは増えない。中国の債務の罠でなくても、日本の1980年代末のバブルの時のように無駄なビルを建てても後から所得は増えない。無駄な公共事業でも同じである。

しかし、通常は資本ストックが伸びればGDPも伸びる。図には、GDPを資本ストックで割ったものも示している。これは１単位の資本ストックでどれだけのＧＤＰを生み出しているかの指標であるから、資本の効率性を示す。

カナダやイギリスのように、この値が45％～50％と高い国もあるが、多くの国で30％程度である。30％とは、資本ストックが１００万円増えればＧＤＰも30万円増えるということである。フランスは、この値が低いところから先進国平均並みの30％になったと分かる。資本の効率が高かったのではなくて、低いところから並みになったのだ。

イタリアは資本ストックが低迷しているだけでなく、その効率も低下している。アメリカは資本ストックが伸びていると同時に、その効率も上昇している。おそらくＧＡＦＡ（ビッグ・テック）のように、あまり資本を使わず高い成長を示す企業が多いことが上昇の理由だろう。ＧＤＰ対資本ストック比率は、１９８０年の30％から現在では35％を超えている。日本は、と見ると、１９８０年代の30％から90年代の低下を経て、やっと30％に戻ったことが分かる。韓国の資本効率は高かったが現在、他の先進国並みの30％になっている。ただしデータの正確性は落ちるので、本当のことはよく分からない。

多くの先進国でＧＤＰ対資本ストック比率が30％とほぼ一定であるとは、資本の生産性が逓減《ていげん》していないということだ。これは、企業が高い投資リターンを得られるように効率的な投資をしているということでもある。GDP対資本ストック比率が30%であれば、資本の取り分は財産所得と企業所得を合計してGDPの22%（内閣府「国民経済計算」）だから、資本のリターンは30%×0・22＝6・6%と安定している。つまり、企業がよい投資を行い、新しい投資には新しい技術が体化されていて、生産性の低下を起こさないようになっているということだ。

実は、成長論を開拓したロバート・ソローは、その成長論の初めての論文で、資本蓄積だけでは成長率がやがて低下していくことと同時に、新しい資本には新しい技術が体化され、生産性を高めることの両方を指摘していた（Solow, R. M., "A contribution to the theory of economic growth," *The Quarterly Journal of Economics*, Volume17, 1956）。

円高の影響が大きかった

では、なぜ日本の資本ストックが伸びなかったのだろうか。世界的にGDPの成長率の屈折とともに、資本の成長率も下方に屈折しているように見える。少なくとも日本、ドイツ、イタリア、イギリス、アメリカではそう見える。とくに日本の場合、1990年代の成長屈折が大きく、それに懲りて資本蓄積が低下したように思われる。これには第3章第4、5節で示すように、円高の影響が大きかっただろう。

しかし、２０１０年代からはわずかながら成長率も回復し、資本ストックも増加しているようである。ＧＤＰと資本ストック増加の好循環を期待したい。

もちろん、資本を投入するよりも資本効率を上げる、技術進歩を高めればよいという意見もあるだろうが、新しい技術は資本に体化されているものだ。古い機械を職人がなだめながら動かして高い精度を出すのが日本のものづくりの精華だ、というような主張を聞いたこともあるが、最新機械で誰でも高い精度を出すほうがよいのではないか。日本のＧＤＰが増えないのは投資が不足しているからだ。

結語――分配を変えても成長はできない

日本の実質賃金が上がらないのは、生産性の上昇率が低いからである。分配を変えても賃金の上昇率を上げることはできない。

本章では、日本の生産性が低い実情を、各国との比較を通じて経済全体、また、産業別に観察した。とくに問題なのは、日本が他の先進国に追いついていないことだ。吉川洋・立正大学教授の指摘するように、外国を鏡として日本の経済社会を素直に見直すべきだ。

日本の高度成長は、追いつき型（キャッチアップ型）の成長だと言われたが、今や追いつく力が衰えている。それは、日本全体に変わりたくないという気分が蔓延し、この気分に絡められた人々が、変わらないようにと頑張っているからだ。

日本版ＧＡＦＡの創出は、税金を使わなければ結構なことであるが、それよりも、行政のラダイト運動（機械打ち壊し）、護送船団行政大好き体質を打破しなければならない。また、資本ストックの蓄積は依然として重要であることも分かった。新しい資本には新しい技術が体化されているからだ。投資を妨げる不安定なマクロ経済環境も改めなければならない。

第2章

成長戦略は可能か

第1節　政府が成長率を高めることは可能か

「政府が『方向性はこっちだ』と市場を指し示す」？

生産性の上昇が大事だというと、すぐさま、政府の成長戦略が大事だということになるのだが、政府が成長率を高めることは可能だろうか。

岸田文雄首相が就任間もなくの2021年10月9日に唱えていた「新しい資本主義」で成長率を高めることは可能だろうか。首相は2021年12月22日、読売国際経済懇話会で「様々な弱点を強みに代える成長戦略を官民協働で考えていく。これが市場任せでない新しい資本主義だ」と説明。また、対応が急務の気候変動やデジタル、経済安全保障分野で「政府が『方向性はこっちだ』と大きな市場を指し示し、多くの企業が投資することで分野を拡大する。結果として弱点を克服する」。

分配政策では「給与、人への分配はコストではなく、未来への投資だ」と指摘。国が決めることのできる保育士や介護職員の給与を引き上げることも述べ、「資本主義が生み出した弊害にしっかりと向き合っていく」と述べたとのことである（「首相『成長戦略 官民で』」『読売新聞』２０２１年12月23日）。

しかし、仮にこれが新しい資本主義だとして、「新しい資本主義」で成長することはできないだろう。以下、その理由を述べたい。

コストを上げる「新しい資本主義」

まず、政府が将来の市場を指し示すというのだが、それが正しいという保証はない。たとえば２０２１年12月21日の記者会見で、岸田首相は「年末年始には牛乳をいつもより１杯多く飲み、料理に乳製品を活用してほしい」と述べたとのことである（「『牛乳を飲もう』大号令」『日本経済新聞』２０２１年12月23日）。

乳製品の需給は農林水産省によって統制されており、企業が自由に生産しているわけではない。牛乳が余ってしまったのは、資本主義が間違っていたからではなく、農水省の指し示した方向が間違っていたからだ。その失敗を国民が引き受けさせられるのはかなわない。

気候変動や経済安全保障分野で、しなければならないことはするしかない。その意味では、政府の指し示す方向は正しいというより、前者は国際的約束で、後者は安全保障のためにそうするしかないことだ。しかし、これらはいずれもコストを上げる政策である。温暖化を避けるために割高なエネルギーを用い、経済安全保障のために国内または同盟国内で補助金を払ってでも生産するということである。コストが上がれば、その分だけ実質所得は減少する。また、どのエネルギーを用いるのが二酸化炭素（CO_2）削減に効果的か、政府が適切に方向を指し示すことができるとも思われない。

日本では、太陽光発電が欧米の何倍ものコストになっている（木村啓二「日本の太陽光発電はなぜ高いのか」自然エネルギー財団ホームページ、２０１６年2月4日）。欧州では、よりコストの安い風力発電にシフトしている。これは気象条件にもよるので日本の政策の失敗とは言いきれないが、同じだけのCO_2を削減するのに、どの方法がもっともコストが安いのかという視点はなかった。

失敗し続ける政府がなぜ民間に方向性を示せるのか

デジタルについては、政府は効果のないデジタル戦略を繰り返してきただけだ（日経コンピュータ『なぜデジタル政府は失敗し続けるのか 消えた年金からコロナ対策まで』日経ＢＰ、２

０２１年）。なぜ政府が、民間に対して有効な方向性を示すことができると考えるのか、私には分からない。

念のために述べておくが、私は気候変動対策に反対しているわけではない。１９７０年代の公害対策で、コストをかけてきれいな大気や水を取り戻したことは素晴らしいことだったと思っている。政府は、コストをかけても気候変動対策や経済安全保障対策をしなくてはならないと国民を説得するべきで、これらの対策で成長できるというのは間違いである。

介護職員の低給与は資本主義のせいではない

人への分配はコストではなく、未来への投資だというのは、心地よく聞こえるが、それが投資であるかどうかは、企業と個人が決めるべきことだ。企業は、必要があれば高い賃金を払うだろうし、必要がなければ払わない。人は、それが将来の所得を上げるものと認識できれば技能を身に着けようと努力するが、無駄な努力はしない。

国が決めることのできる保育士や介護職員の給与を引き上げることは望ましいと私は考えるが、その給与が低いのは資本主義のせいではない。介護、保育（社会福祉の専門的職業）、看護の有効求人倍率を見ると、コロナの影響を受けていない２０１７～19年の職業計の平均が1・5倍前後の時、介護、保育、看護がそれぞれ2倍、3倍、4倍程度となっていた（厚生労働省「一般職業紹介状況（職業安定業務統計）」職業別有効求人倍率（パートタイムを含む常用）。保育士は社会福祉の専門的職業に含まれる）。

なぜ介護などの給与が上がらないかといえば、介護は介護保険で運営されているからだ。介護職員の給与が上がれば保険料を上げなければならず、それができないから給与を安くしておくしかない。安い給与では人が集まらないから必死に求人し、求人倍率が高くなるわけである。

技能実習生制度を資本主義のシステムで改善する

外国人労働者を受け入れる技能実習生制度が「現代の奴隷制度」などと言われて人権侵害や搾取の問題を引き起こしているのも、資本主義や自由主義経済のせいではない。本来、資本と労働が自由に交渉し、雇用主が競争して労働者を求めるのが資本主義である。

ところが技能実習生制度では、実習生が自由に雇用主を選べない。ここに搾取と人権侵害が生まれる。さすがに政府も技能実習生制度を改めて、外国人が、より自由に雇用主を選べるようにしようとしている（「外国人、就労の選択肢拡大」『日本経済新聞』２０２３年11月25

日）。すなわち、資本主義のシステムを用いて、搾取の問題に対処しようとしている。

この背景にも、日本の賃金が上がらず、台湾や韓国、あるいは自国と比べても、日本で搾取されながら働く経済的メリットがなくなっていることがある。これでは誰も来てくれないので、政府も真面目に技能実習生の待遇改善に乗り出したわけだ。

「新しい資本主義」の中にはコストを上げる方策が多い。しかし、コストを上げて経済を活性化することはできない。所得分配を重視するのはよいが、そのための実際の予算支出はわずかである。大きく分配状況を変えることはないが、だから成長を阻害するほど分配に力を入れないのはよいことだという判断もあるだろう。

第2節　もちろん、成長戦略は難しい

「あなたのいう構造改革とは何なのか」

成長戦略について否定的なことを述べたが、成長戦略は難しいということをまず認識する

必要がある。

　２００１年初めのことである。テレビの経済討論番組で、当時の亀井静香・自民党政務調査会長に、ある有名エコノミストが「なぜ政府は小手先の景気対策ばかりで抜本的な構造改革をやろうとしないのか」と語気鋭く迫ったのに対し、亀井氏は「それではあなたのいう構造改革とはいったい何なのか」と切り返した。このエコノミストは、それに対して何も答えられなかった（野口旭・田中秀臣『構造改革論の誤解』47頁、東洋経済新報社、２００１年）。

　あれから20年以上たっているのに、構造改革論派のエコノミストの多くは、具体的には何も答えていない。

ノーベル賞学者でも分からない経済成長の実現法

　どうしたら成長率を高めることができるかは、簡単な問いではない。２００６年に世界銀行が、貧困国のための成長の処方箋を、マイケル・スペンス氏、ロバート・ソロー氏らノーベル賞受賞の経済学者を含めた委員会を作り報告書の作成を依頼した。

　その結果について、開発経済学の専門家でニューヨーク大学のウィリアム・イースタリー教授は、「21人の世界一流の専門家で構成される委員会、３００人もの研究者が参加した11

の作業部会、12のワークショップ、13の外部からの助言、そして４００万ドルの予算を投じて2年におよぶ検討を重ねた末、高度成長をどのように実現するかという問いに対する専門家の答えは、分からないというものだった。しかも、専門家がいつか答えを見つけることを信じろという」と書いている（アビジット・Ｖ・バナジー&エステル・デュフロ『絶望を希望に変える経済学 社会の重要問題をどう解決するか』日本経済新聞出版、２０２０年、２７０頁より引用）。

岸田首相は、中間層を厚くする、と言っている。しかし、どうしたら中間層を厚くできるのか。一つ確かなことは、所得の高い人と所得の低い人から税金を取って中間層に配ることはできないということだ。所得の高い人は人数が少なく、所得の低い人はお金がなく、中間層はたくさんいるからだ。

中間層には自分で頑張って中間になっていただくしかない。政府に中間層向きの仕事を作ったりすることができるとは思えない。政府ができることは、たとえば教育の援助くらいしか思いつかない。

「130万円の壁」を作っているのは社会保険料と企業の手当

むしろ、できることを考えてはどうだろうか。所得の低い人の所得を上げることである。いわゆる「130万円の壁」をなくすことと、補助金付きの最低賃金の引き上げ（これは、給付付き税額控除と似ている）である。

まず、年収の壁から考えよう。説明するまでもないだろうが、年収の壁とは、妻の収入が103万円を超えると所得税を払わないといけなくなり、配偶者控除（38万円）が受けられなくなる。また、企業の配偶者手当が支払われなくなる。106万円を超えると場合によっては、130万円を超えるとほとんどすべての場合で、社会保険加入が必要になる。これらにより、103万円、または130万円を超えると、妻が150万円程度まで働かないと、夫と合わせた家計収入がむしろ減少してしまうことをいう。

うち、税金や控除については壁にはならない。なぜなら、税とは、追加的に得た所得の一部を取るものだからだ。また、控除は年収が上がるごとに段階的に控除額を下げることで、壁にはならなくなっている。もちろん、限界的に税率が上がるので、労働意欲を阻害するのは事実だが、壁にはならない。坂がきつくなるということだろう。

壁を作り出しているのは、社会保険料と企業の手当である。社会保険料は、年収がある額を超えるとすべての所得に課すからである。企業の配偶者手当は、企業にとってみれば、従業員に恩恵を与えるものだから、妻の所得が上がればそれに応じて少しずつ減額し、壁を作らないようにするものではない、と言いたいだろう。

結果、年間所得が壁に近くなると、妻が就業調整して労働時間を減らすことになる。人手不足で、年末の忙しい時に労働時間を減らされてはたまらない、というのが企業の言い分である。

また、せっかくＧＤＰが増加するチャンスを奪っていることになる。政府は、この問題に対して、１３０万円を超えても連続2年までは社会保険料を払わなくてもよいようにした。あるいは、保険料相当額を企業に支払い、従業員の負担が増えないようにした（「『年収の壁』対策発表」『日本経済新聞』２０２３年9月28日）。

非合理はお説教では解決できない

社会保険料は、国民に負担を求めるものだから、ある所得を超えたら、すべての所得に一挙に保険料を課そうというのは無理があると私は思うが、社会保障の専門家はやけに説教臭いことを言うらしい。

２０２３年９月21日に開かれた厚生労働省の社会保障審議会の部会が、年金制度の見直しに関する議論を始めたところ、委員からは「就労して負担能力があるのに、壁があるから本人の保険料を免除するのは理屈が立たない」「他の被保険者との間で不公平になる」といった意見が相次ぎ、そもそも「給付があるのに壁と呼ぶこと自体がおかしい」と、政治による課題設定そのものを疑問視する声も上がった、とのことである（「『年収の壁』問題、見直し議論スタート　減免策検討に慎重意見も」『朝日新聞』２０２３年９月21日）。日経社説も、「社会保障ゆがめる『年収の壁』助成金」と書いている（『日本経済新聞』２０２３年９月29日）。

たしかに夫だけの片働き世帯が減って、妻も外で働く時代になったのだから、妻もバリバリ働いてキャリアを追求し、社会保険料を払うべきだという議論も分かる。これからの若い女性はそうすべきかもしれない。しかし、専業主婦が当たり前の時代を生き、保育所もベビーシッターもイクメンもあまりない時代に、家庭でワンオペ育児をしてきた女性に、いまさらバリキャリになれというのは気の毒だ。

既得益の打破が必要ないこともある

多くの人は、改革には既得権益を打破しないといけない、という。しかし、改革できないのは既得権益を認めないからだ。専業主婦も既得権益だとしたら、いまさらバリキャリになれというのは間違っている。正しい解決策は、社会保険料負担の開始の年収を200万円まで引き上げることだ。

高校を出てフルタイムで働くと、初任給18万＋ボーナス3カ月分（初年度のボーナスは年末にしかフルに出ないから3カ月分となる）、すなわち、初年度の年収は18万円×15月で270万、社会保険料の自己負担分は15％であるから、社会保険料差し引き後の所得は230万円なので、わざわざ就業調整するより、フルに働いて270万稼いだほうがよいだろう。

一方、パートで働いている人は、200万円までになれば就業調整が必要なくなる。ただし、配偶者手当は、103万円または130万円を超えると一挙になくなってしまうものだから、こちらも200万円、あるいは所得制限なしにしていただくしかない。社長、この際だから、賃上げのついでにこちらも太っ腹で！　と私からもお願いする。とくに、パート従業員を多く雇っている業界では、太っ腹でお願いしたい。

財政コストはいくらか

このための財政コストはいくらだろうか。まず、財政コストだけでなく、就業調整のコストを考えなければならない。

大和総研の山口茜氏によれば、既婚女性の330万人が就業調整をしているという（山口茜「あえて年収を抑える559万人 就業を阻む「壁」の取り壊しと年金制度改革が必要」『大和総研経済分析』2018年7月14日。山口氏は、既婚女性だけでなく高齢者や若者の就業調整についても議論しているが、ここでは配偶者だけを考える）。

壁が200万円までになれば、どれだけ働くことになるだろうか。103万円を意識している人も130万円を意識している人も、壁が200万まで拡大すれば、余計に30万円働くとしよう。すると日本全体の雇用者報酬は330万人×30万円＝9900億円≒1兆円増加する。GDPと雇用者報酬の比は1・9倍であるから、GDPは1・9兆円増加するだろう。消費税と所得税と住民税と法人税で、この3割が税収として還流するだろうから、税収は5700億円増加する。

一方、財政コストはいくらだろうか。コストは、1兆円の給与収入×社会保険料率18％

図2-2-1 所得階級別の給与所得者の人数と総所得（女性）

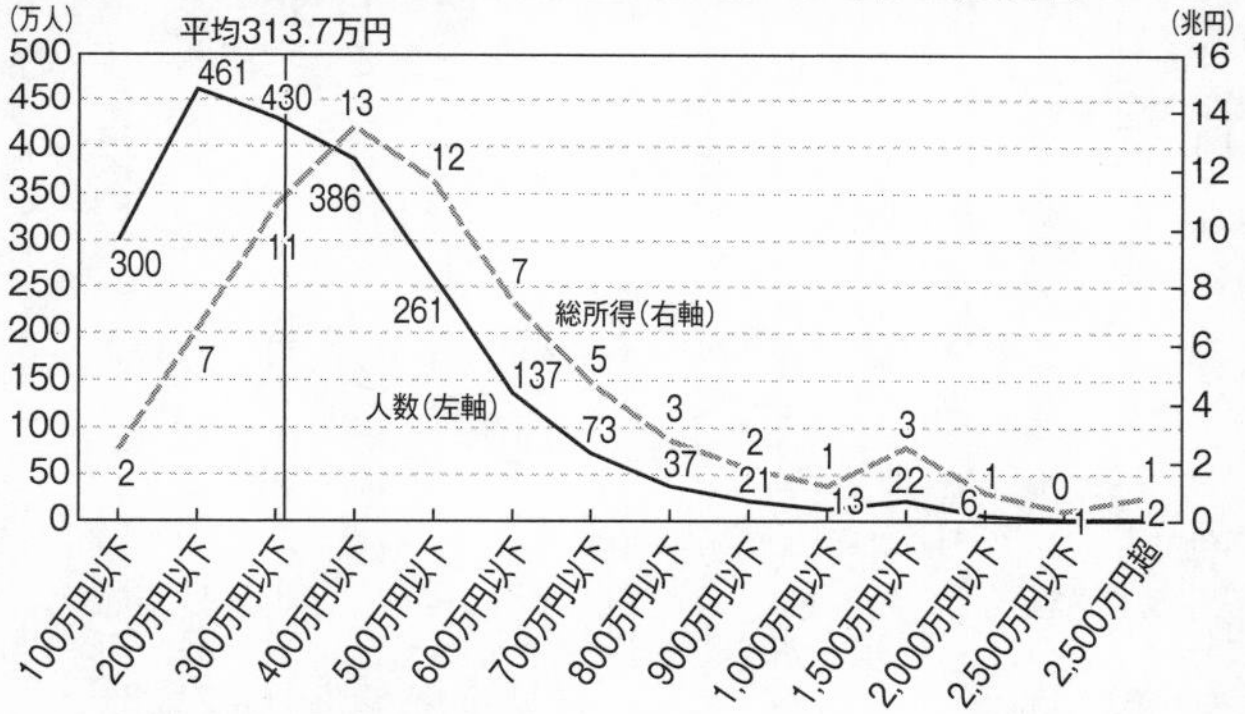

出所：国税庁「民間給与実態統計調査結果（平成4年分）」
注：100万円以下の平均給与は81.6万円、200万円以下は141.1万円、300万円以下は251.2万円、400万円以下は349.1万円、500万円以下は445.1万円、600万円以下は546.3万円、700万円以下は644..2万円、800万円以下は745.8万円、900万円以下は845.2万円、1000万円以下は947.4万円、1500万円以下は1179.5万円、2000万円以下は1708.2万円、2500万円以下は2236.2万円、2500万円超は4127.7万円である。

（本人分と雇用主分を合わせたもの。年金だけでなく健康保険などすべての社会保険料を合計すると30％だが、所得の低いところでは18％程度である）ではない。なぜなら、現状では余計に働く人はいないからだ。ただし、既婚の女性で、現在、１３０万円から１９９万円で働いている人の社会保険料はゼロになる。

国税庁の「民間給与実態統計調査」によると、図2-2-1に見るように、１００万円から１９９万円で働いている女性は４６１万人いる（この統計では１３０万円から１９９万円の区分はない）。このうち１３０万から１９９万円で働いている人で、既婚の女性がこれまで社会保険料を払っている人で、壁を２００万円に引き上げることによって社会保険料免除となる人々である。

『厚生労働白書』（2023年版）のコラム2‐11‐②図に、所得10万円ごとの女性労働者の比率がある。100万円から199万円のうち約2分の1が130万円から199万円の所得を得ている。130万円から199万円の所得を得ている人は461万人÷2＝230・5万人である。このうちの既婚の女性が新たに社会保険料免除となる女性の数である。所得階級ごとの既婚未婚の統計は見いだせなかったが、日本全体の女性の有配偶率は54％である（国勢調査〈総務省統計局〉時系列データ男女、年齢、配偶関係）。

この所得階級の有配偶の女性は、働くことによって損をするわけであるから、有配偶の比率はもっと低いはずであるが、あえて日本全体の平均を使用しよう。すると、230・5万人×0・54＝124・5万人が新たに社会保険料を免除される女性の数である。したがって、社会保険料の減収は、124・5万人×165万円（130万―199万円の階級の平均所得）×18％で2543億円となる。これは前述のように過大な推定値である。これは、より多くの人が働くことで得られる税収5700億円の半分以下である。すなわち、壁を引き上げて200万円にしたほうが、税収増と社会保険料収入減の合計額は約3200億円（5700億円―2500億円）増加する。

なお、ここでは政府の取り分を比べているが、ＧＤＰが１・９兆円増加することのほうがずっと大事である。それは人々がより多くの生活費を稼ぐことができ、企業が将来の投資のための利益を拡大することができるからである。

主婦が保険料を払ってもシングルマザーの貧困は軽減されない

以上の議論に対し、「シングルマザーなど片親世帯は、自分の社会保険料は自分で払わないといけないのに、結婚して専業主婦的な働き方をしている人は社会保険料を払わなくてよい、というのは不公平だ」という批判があるだろう。年収の壁に対して、保険料免除の所得上限を引き上げて「年収の壁」問題を解決しようというのは、すでに恩典を受けている人にさらに恩典を与えるのは、不公平だというのである。

たしかに不公平である。日本の貧困問題とは、シングルマザーの問題と言ってもよい。ひとり親世帯は１４９・２万世帯あって、その相対的貧困率は50・８％である（「行政、ＮＰＯ、企業等官民連携で取り組む子供の貧困対策」『共同参画』２０１９年2月号、内閣府男女共同参画局『男女共同参画白書』２０１９年版、図1-5-9）。ひとり親世帯で子供が安定した生活環境を享受するためには養育費の確保が重要であるが、２０１６年に離婚相手から実際に養育費を受け取っているのは、母子世帯で24・3％にとどまっている（厚生労働省「全国ひとり親世帯調査」２０１６年）。

しかし、主婦が保険料を払っても、シングルマザーの貧困が少しでも軽減されるわけではない。むしろ、税収増となる３２００億円のいくらかでも使ってシングルマザーを助けるべきではないか。具体的には、養育費を払わない元夫に対して行政が代行して支払わせる費用、ひとり親世帯のための児童手当の増額が考えられる。相対的貧困にある約75万世帯（１４９・２万×50・８％）に年10万円追加して支給すると、７５０億円である。表面的な不公平を問題にするより、現実に困っている人を助けるほうがずっとよいのではないか。

補助金付き最低賃金の引き上げで雇用と所得を増やす

もう一つは、最低賃金を引き上げるとともに賃金に補助金を払うことである。最低賃金の引き上げは、所得の低い人の所得を引き上げるものであるが、それは雇用を減らす可能性がある。

もちろん、２０２１年度のノーベル経済学賞を受賞したデービッド・カード米カリフォルニア大学教授は、最低賃金を引き上げても雇用が増える場合があると示している。ただし、いつでもそうなるわけではない。上げすぎれば雇用が減ることもある。

どれだけなら大丈夫かといえば、アベノミクスの時代を考えると景気がよい時に３％くらいなら全く問題ない、ということではなかったか。３％ではつまらないので、最低賃金の引き上げ３％プラス賃金の補助金を４％で最低賃金を毎年７％ずつ上げていく。企業にとっての負担は３％しか増えない。

説教で問題を解決できると思うのはナンセンス

これによって3年で2割以上所得が上がるので、所得が増えたという実感を得られるだろう。そのためにいくらの財政支出が必要だろうか。

図2-2-2は、給与所得者の所得階級と人数（男女計）を示したものである。前掲の図は女性だけのものだが、こちらは男女共のものである。図で年間２００万円以下の人が、最低賃金で働いている人たちだろう。その人数は１０４２万人であり、この人々の給与総額は12・４兆円である。

最低賃金を補助金で毎年４％増やしていくために必要な財政支出は12・４兆円に12％（４％×３年）をかけて１・５兆円にすぎない。これで所得の低い人の年収を３年のうちに２割

図2-2-2 所得階級別の給与所得者の人数と総所得（男女計）

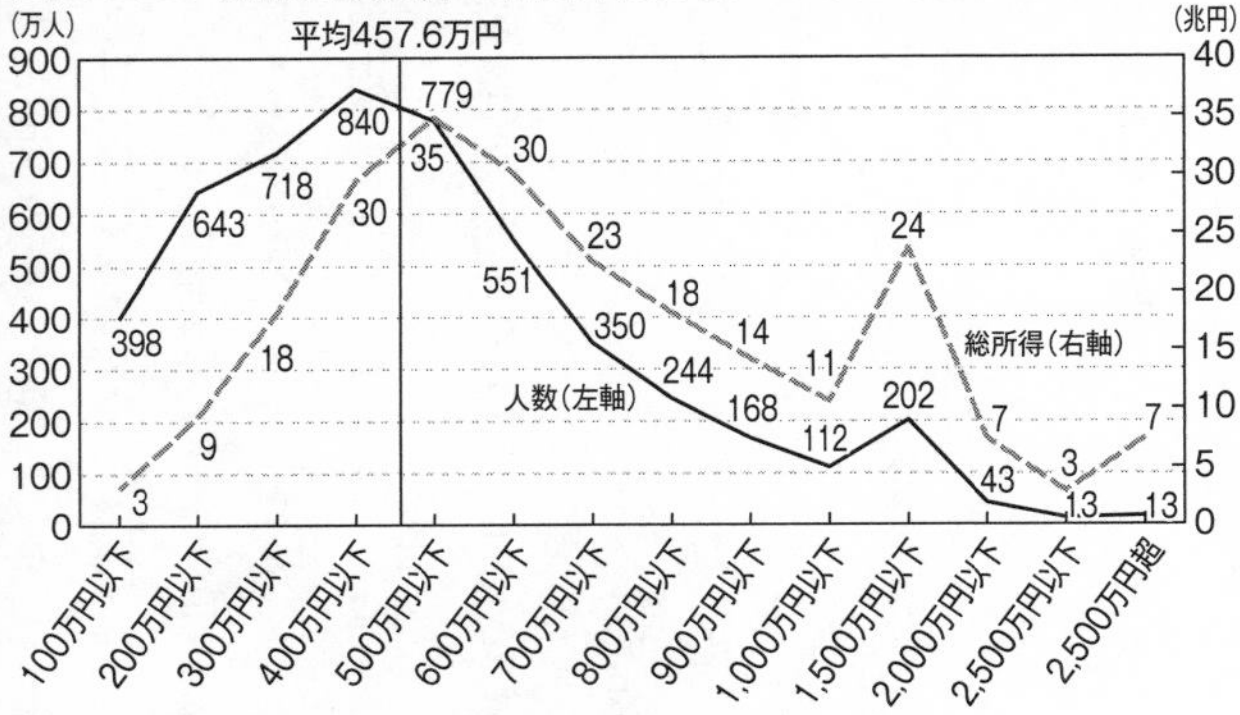

出所：国税庁「民間給与実態統計調査結果」
注：100万円以下の平均給与は80.5万円、200万円以下は143.5万円、300万円以下は253.0万円、400万円以下は351.6万円、500万円以下は447.5万円、600万円以下は547.9万円、700万円以下は646.9万円、800万円以下は747.0万円、900万円以下は847.1万円、1000万円以下は946.7万円、1500万円以下は11775.9万円、2000万円以下は1723.5万円、2500万円以下は2225.5万円、2500万円超は4388.4万円。

引き上げることができる。

もちろん、この人々がより多く働くことになれば、１・５兆円の財政支出では足りない。しかし、これは先ほどの１３０万円の壁と同じで、より多く働けばより多く税・保険料を払うのだから構わない。私はこれほど効果的な財政支出はない、と思うのだが。

社会保険制度の不合理を棚に上げて、説教で問題を解決しようとするのはまったくのナンセンスである。日本経済がうまくいかないのは、経済より説教の好きな専門家や政治家が多いからではないか。

第3節　「ゾンビ企業」は経済効率を下げる元凶なのか？

利益に比して支払利息が多すぎる企業

いわゆるゾンビ企業が日本経済の効率を大きく下げている、という議論が根強い。たとえば、「ゾンビ企業が大幅に増加した産業における生産性の上昇は低い」という指摘がある（星岳雄、アニル・Ｋ・カシャップ『何が日本の経済成長を止めたのか』30頁、日本経済新聞出版社、２０１３年）。

ゾンビ企業とは、一般に効率が低く、借金まみれで健全な経営状況にないにもかかわらず、銀行から追加融資を受けることで市場に残っている企業である。これによって市場の新陳代謝が遅れ、不況が長引くというのである。

具体的には、利益に比して支払利息が多すぎる企業がゾンビ企業とされる。政府も６月16日に閣議決定した「経済財政運営と改革の基本方針２０２３」いわゆる「骨太の方針２０２

3」で、こうしたゾンビ企業の退出を促す政策を実施する姿勢を見せている。

たしかに、経済が効率の高い企業と低い企業から成り立っていて、そこに低い企業があれば平均した効率は低下してしまう。だから効率の低い企業はないほうがよい、というのはその通りである。

しかし経済には競争があって、本来、効率の低い企業は存続できないはずだ。だから、ゾンビ企業が経済の大きな比重を長期的に占めていて、その存在ゆえに、日本経済の成長率が大きく低下するとは信じられない議論である。

また、効率が悪いといっても、経済学の企業の理論で最初に教えられることは、企業活動には、損益分岐点と操業停止点があるということだ。損益分岐点とは、固定費を賄って利益が上がっているぎりぎりの状況だ。固定費は多くが資本コストだから、損益分岐点以上であれば、資本効率も相対的には高い。

操業停止点とは、固定費は賄えないが、変動費を賄えるぎりぎりの状況だ。操業停止点以上なら、赤字で資本効率が低下しているが、それでも操業を続けたほうがいいというのが、入門経済学の教えるところだ。ゾンビ企業を止めろというのは、入門経済学に反する主張である。

借金が嫌いだから成長できないのではないか

国際決済銀行（ＢＩＳ）のレポートは、ゾンビ企業をインタレスト・カバレッジ・レシオ（利払いに対する営業利益＋受取利息・配当金の比率）が1未満で、トービンのｑ（企業の市場価値と置換できる資産の再生産コストの比率）が産業セクターの平均よりも2年以上にわたって低い企業をゾンビ企業と定義し、ゾンビ企業の比率がどのように動いてきたかを示している（Banerjee, R. N., and B. Hofmann, "Corporate Zombies: Anatomy and Life Cycle," BIS Working Papers, No. 882, September 2020、11頁）。

この定義によると、ゾンビ企業比率は日本がピークで12%だが、アメリカは18%、イギリスは20%、ドイツは20%、フランスは15%である。また、日本、ドイツは２０１０年以降低下しているが、アメリカ、イギリス、フランスは上昇している。

ＢＩＳレポートの最新時点で、アメリカのゾンビ企業比率18%に対し、日本は3%でしかない。これはむしろ、日本の企業が借金をしなさすぎるということを表しているのだろう。また、ほとんどの国で、景気の拡大とともにゾンビ企業比率が上昇している。これは景気拡大期には債務を増やし、景気下降期に過去の債務の処理で苦労することを示している。ところが、日本の場合、リーマン・ショック後、景気は拡大しているにもかかわらず、債務は増加していない。これは借金を嫌う日本企業の体質を表しているのだろう。

しかし株式市場か、社債市場か、銀行かから資金を調達しないと企業は成長しない。BISのレポートを眺めていると、日本企業は借金が嫌いだから成長できないのではないか、という気がしてくる。

日本にゾンビ企業はどれだけあるのか

ゾンビ企業を計算するのは、個別企業のデータがないと難しいが、幸いなことに東京商工リサーチ（TSR）が面倒な計算をしてくれている。TSRのゾンビ企業の定義は、BISの定義を簡略化したもので、「3年以上にわたってインタレスト・カバレッジ・レシオ＝（営業利益＋受取利息・配当金）÷利払いが1を下回る企業」としている。利益が利払いに消えてしまっている企業は、ゾンビだというのである。

さらにTSRは、営業利益＋受取利息・配当金を営業CF（キャッシュ・フロー）に置き換えた基準、さらに債務超過でもある企業をゾンビ企業とした定義も計算している。これらを示したのが、図2-3-1である（ゾンビ企業の詳しい定義は図の注を参照）。

図2-3-1 ゾンビ企業比率と名目GDP

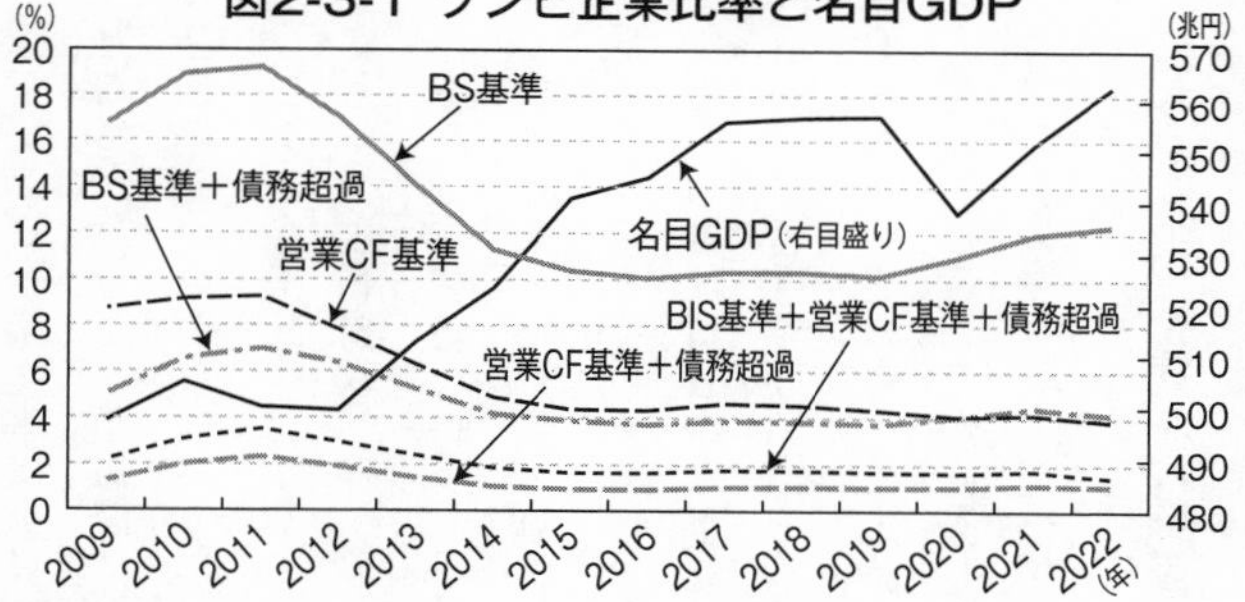

出所：東京商工リサーチTSRデータインサイト「ゾンビ企業って言うな！」2023/02/15。内閣府「国民経済計算」
注：東京商工リサーチのデータベースにある20—30万社から比率を計算。「ゾンビ企業」の定義のうち、BIS基準は「3年以上にわたってインタレスト・カバレッジ・レシオ（利払いに対する営業利益+受取利息・配当金の比率）が1以下である企業」、営業CF（キャッシュフロー）基準とは、「利払に対する営業キャッシュフローの比率が1以下である企業」、BIS基準＋債務超過とは、「BIS基準に加えてさらに超過債務である企業」、営業CF基準＋債務超過とは、営業CF基準に加えて債務超過である企業」、BIS基準＋営業CF基準＋債務超過とは、「BIS基準、営業CF基準に加えて債務超過でもある企業」である。なお、2022年は推測値。ここでのBIS基準とは本来のBIS基準とは少し異なる。

なお、ここでインタレスト・カバレッジ・レシオが1以下である企業で債務超過でない企業と債務超過である企業との差は、２００９年から１２年では10%を超えているから、債務超過企業がＴＳＲデータベースの20万から30万の企業のうち少なくとも10%以上あったことになる（現在では6%程度）。これが何らかの非効率の指標であることは明らかだが、これらの指標から、ゾンビ企業があるから成長率が低下したと言えるだろうか。

名目ＧＤＰが停滞したから
ゾンビ企業が増えた

図２−３−１には、名目ＧＤＰも示している。名目ＧＤＰが停滞していた２０１２年ま

では、ゾンビ企業比率は上昇していた。

ところが2012年以降、名目GDPが増加するとともにゾンビ企業比率が低下した。2020年のコロナショックのあとには名目GDPが低下し、ゾンビ企業比率が上昇を始めた。ゾンビ企業比率は上昇したままであるが、名目GDPが増加するとともに、再びゾンビ企業比率が低下するだろう。

ちなみに、名目GDPと5つのゾンビ企業比率との相関を取ると、相関係数はマイナス0・906からマイナス0・772となる。名目GDPのレベルが高ければゾンビ企業比率は低くなることが明らかである。

また、名目GDPが低下してから企業業績が大きく低下するまで多少時間がかかると思われるので、名目GDPに1年のラグを付けると、相関係数はマイナス0・959からマイナス0・841となる。たしかにゾンビ企業比率とGDPの停滞とは相関しているのだが、私は、逆に名目GDPが停滞したからゾンビ企業比率が上昇したと思う。そのことを考えるために、データの中身に入って考えたい。

日本企業の特異な行動様式

表2-3-1 規模別法人数と規模別売上、資産、利益など

資本金	1000万円未満	1000～5000万円未満	5000～1億円未満	1億～10億円未満	10億円以上	総　額
社数（社）	1,972,504	823,149	63,711	25,885	4,807	2,890,056
売上高（10億円）	125,710	337,420	158,567	282,576	543,615	1,447,888
資産合計（10億円）	146,667	388,913	159,337	265,581	1,055,224	2,015,723
経常利益（10億円）	2,460	13,004	4,907	14,020	49,534	83,925
当期純利益（10億円）	1,850	8,734	2,668	8,848	40,908	63,007
1社当たり売上高（100万円）	64	410	2,489	10,917	113,088	501
1社当たり資産合計（100万円）	74	472	2,501	10,260	219,518	697
1社当たり経常利益（100万円）	1.2	16	77	542	10,305	29
1社当たり当期純利益（100万円）	0.94	11	42	342	8,510	22
経常利益/売上高（%）	2.0	3.9	3.1	5.0	9.1	5.8
当期純利益/総資産（%）	1.5	2.6	1.7	3.1	7.5	4.4

出所：財務省「法人企業統計調査」年次別調査、2021年度
注：手元流動性比率＝（現預金＋有価証券）／（売上高/365）。短期的な財務安全性を測定する指標

ＴＳＲのゾンビ企業比率は、前述のように、同社の保有する20—30万社のデータベースから計算したものである。これらの会社が日本経済において、どのような意味を持っているかを考えよう。財務省の法人企業統計調査（２０２１年度）で資本金の規模ごとの会社数とその売上、資産、利益などを見ると、表２-３-１のようになる。

すなわち、日本の会社数は２８９万社、うち資本金１０００万円未満が１９７・２万社、１０００万円以上が91・８万社、５０００万円以上が９・４万社である。売上で見ると、全社の売上は１４４８兆円だが、資本金１０００万円以上で１３２２兆円（全体に占める比率91・３％）、５０００万円以上で９８

5兆円（68・0％）である。TSRの20―30万社のデータは日本経済の7、8割をカバーしていると言ってよいだろう。

この表を見ると、日本企業の特異な行動様式が分かる。まず事実として、日本にはほとんど利益を上げていない企業が多い。資本金1000万円未満の企業の1社当たり当期純利益（税引き後の利益）は94万円にすぎない。

利益を上げないことが目的

なぜ儲けることに熱心でない企業が多いのか、と事情に通じた人々に聞けば、利益を上げないことが目的だからだと答えてくれるだろう。中小企業で所得が800万円以下であれば、法人税が15％である。

また利益は、様々な経費や親族への給与支払いに使われているだろう。そのような企業に、何らかの経済的ショック（リーマン・ショックやコロナショックなど）があれば、容易にインタレスト・カバレッジ・レシオが1を割ってしまい、場合によっては債務超過に陥ってしまうだろう。

経済的ショックがあれば赤字になるとは、むしろ不況だからゾンビ企業が増える、ということである。破綻《はたん》すれば困るので、何とか存続させているのだろう。また、節税分を考えれば、過去に十分な蓄積をしているのかもしれない。

このような企業はないほうがよいのかもしれないが、このような企業があるから成長率が下がるとは言えないだろう。なぜなら、このような企業は大昔からあり、日本が低成長になってから現れたわけではないからだ。

私の考えるところ、その対策は、節税を必要としなくなるような減税と、破産してもそうひどいことにならないような破産法である（たとえば、個人保証の程度を弱めるような対応である。これについては後述のように、政府は改善しようとしているようだ）。

一橋大学経済研究所の深尾京司教授も、「（ゾンビ問題で）説明できるのは１９９０年代の日本経済全体のＴＦＰ［全要素生産性］停滞のごく一部に限られる」と述べている（深尾京司『失われた20年」と日本経済　構造的原因と再生への原動力の解明』１９４頁、日本経済新聞出版社、２０１２年）。

さらに、大きな疑問がある。効率の低い企業を追い出せば、効率の高い企業ばかりになるのかもしれないが、退出した企業に雇われていた人々は仕事もなしに追い出されることになる。また、生産設備も無駄になる。

そうするとゾンビ企業を追い出して現実に生ずるのは、効率の高い企業と失業者と効率の低い企業で使われていたが、今は使われていない生産設備である。失業者の生産性も、使われていない設備の生産性もゼロであるから、平均の生産性はむしろ低下してしまう。大事なのは、働いている人々の労働生産性ではなく、失業者も含めた国民1人当たりの生産性である（星野卓也「第4章 高圧経済政策が労働市場にもたらした好影響」図4-4の説明、原田泰・飯田泰之編著『高圧経済とは何か』金融財政事情研究会、2023年参照）。

働いている人の生産性はもちろん大事だが、国民全体の生産性はもっと大事だ。また、失業率が低くなれば、企業が人材を求め、高い賃金を払ってくれないゾンビ企業から労働者が流出するだろう。これは失業者を生まない過程である。人々は、ゾンビ企業にいるより生産性の高い企業に移ったほうが、より高い賃金を得られる。こうなれば、ゾンビ企業は存続できず、かつ失業者も生まれない。

矛盾する政府の方針と政策

こう考えると、ゾンビ企業は大した問題ではなく、雇用拡大こそが問題だと、私は思うのだが、政府は、企業の退出を政策的に促進することに熱心なようだ。最新の「骨太の方針

（経済財政運営と改革の基本方針2023）」（2023年6月16日、閣議決定）でも、「企業経営者に退出希望がある場合の早期相談体制の構築など、退出の円滑化を図ることにより、新たな産業構造への転換を促していく」とある。

具体的には、経営者個人の債務保証で企業をたたむにたためない経営者を助けることに重点が置かれているようだ。債務保証で丸裸にされるのは気の毒だから、何らかの対策があったほうがよいが、これくらいのことでゾンビ企業を減らして経済がよくなるとはとうてい考えられない。

また同時に、政府が中小企業へのゼロゼロ融資に熱心なのも分からない。ゼロゼロ融資とは、新型コロナウイルスの影響を受けた中小企業を支援するための、実質無利子、無担保の融資のことである。コロナ対策の緊急処置でやむを得ないことだったとも思うが、利益が上がらず金利をやっと払っているゾンビ企業が大問題という認識とは矛盾する。

さらに、政府が事業承継に熱心なのも分からない。韓国財閥の跡目争いを見ても、後継者になることが美味しいなら、妻愛人兄弟姉妹婿嫁、入り乱れて争っても事業承継したいはずだ（これは私が韓流ドラマを見過ぎなのかもしれないが）。後継者がいないとは、それだけの利益がない企業だから、無理に存続させることもないゾンビ企業に近いのではないか。政府のしていることは、いつでも矛盾していてよく分からないことばかりだ。

第4節　日本には「貪欲な仕事」が多すぎる

ゴールディン教授が分析する男女の賃金格差

２０２３年のノーベル経済学賞は、ハーバード大学のクラウディア・ゴールディン教授に与えられた。同教授は、現代では、男女の収入格差の大きな要因は「貪欲な仕事」を求めるか否かによるとしている（クラウディア・ゴールディン著『なぜ男女の賃金に格差があるのか：女性の生き方の経済学』慶應義塾大学出版会、２０２３年）。

「貪欲な仕事」とは、不規則な日程と長時間労働を要求し、その代価として時間当たりでも高い報酬を支払う仕事という意味である。欧米でも、「貪欲な仕事」には男性と未婚女性だけが残り、既婚女性が子どもを産むと、そのような仕事には就かないようである。子どものために時間を使うことを欲するからである。これが、同レベルの能力を持つ男性と既婚女性の賃金格差の大きな要因であるという。

ゴールディン教授の分析から、日本が学べることは何だろうか。日本は、アメリカよりも男女格差が大きい。女性賃金の男性賃金に対する比率は、アメリカが82・３％であるのに日本は77・５％である（内閣府男女共同参画局ホームページ「男女共同参画に関するデータ集」男女の就業に関するデータ＞男女間賃金格差の現状）。これは、日本で女性のパートタイム労働者が多いこと、女性の管理職が少ないことによる。

なぜ管理職が少ないかといえば、「貪欲な仕事」に就こうという女性が少ないからだろう。ただし、ゴールディン教授のいう「貪欲な仕事」とは、たんなる管理職というよりもっと上のレベルの仕事であるように思える。教授は、ＭＢＡを取得した男性と女性は、当面は賃金差が少ないのに、10年もたつと大きく異なる、と述べているからだ。すなわち、役員など、より上級の管理職のイメージだろう。政治家に女性が少ないのも、無限定に働くことを要求される仕事だからだろう。

「曰く言い難い汚れ仕事」は企業の利益になっているか

すると、日本のジェンダーギャップを縮小するためには、女性が「貪欲な仕事」に従事することが必要なのだろうか。

私は、日本には不必要な貪欲な仕事が多すぎるのではないかと思う。たとえば、国会議員による政府側への質問通告について、「土日祝日を除く質疑2日前の正午までに通告する」という与野党の申し合わせがあるが、守られていない。守らせるためには、閣僚が「事前に通告されず、事実関係を確認する時間がなかったので答えられない」と言えば済むことである。

もちろん、ウクライナ情勢やパレスチナ情勢は刻々と変わるのだから、急に質問するな、というわけにはいかない。しかし国会議事録を見ると、別に緊急を要するわけでもない質問がいくらでもある。また、急を要する質問にも実は答えていないことも多い。ウクライナ戦争やパレスチナ問題を日本が解決できるわけでもないのだから、答えようもないことが多いだろう。答えているふりをする答えを作成するために残業するのも無駄である。

知人や私の大学の学生と話していて、男女格差が生じるのは、女性が明確な仕事をしていて、男性が「曰《いわ》く言い難い汚れ仕事」をしているからだ、という人がいる。しかし、その汚れ仕事が本当に企業の利益になっているのか、誰も分からない。汚れ仕事がばれなければしばらくは利益となっているのかもしれないが、ばれてしまえば大損失である。しかも、ばれていなくても利益となっているのか分からない。

「貪欲な仕事」で防げなかった金融危機

たとえば、昔ＭＯＦ担という仕事があって、大蔵省の銀行局、証券局に日参して情報提供したり情報収集したりする仕事があった。そのうち重要なのは、銀行局の検査が抜き打ちで銀行に「入検」する日を当てることだった。情報を入手し、検査着手日と臨検対象支店をぴたり当てるのが腕の見せ所であった、という（高橋温「私の履歴書」第16回、『日本経済新聞』２０２３年10月17日）。

抜き打ちで検査する建前のものを事前に当てるのは曰く言い難い仕事で、「貪欲な仕事」だと思うが、そうしていても銀行はバブルの時代、いくらでも不良債権を作り、金融危機は防げなかった。おそらく、検査対象銀行にとってあまりに手間入りだから、事前に漏らしていたのだと思うが、検査項目を軽減して本当に抜き打ちでやればお互い仕事が減り、銀行の不正を見抜く力も落ちないだろう。

他にいくらでも思いつくが、たとえば、犯罪捜査の報道がある。海外の刑事もののドラマを見ていると、必ず捜査状況についての記者会見がある。日本では、新聞社やテレビ局の独自取材によって捜査状況が漏れる。この独自取材とは、時間無制限に警察に張り付いて情報を得ることとなのだろうから「貪欲な仕事」である。

しかし、記者会見をすれば「貪欲な仕事」は減る。もちろん、時々刻々と捜査情報が漏れるのが面白くてスリリングであることは否定しない。政治スキャンダルならなおさらである。また、捜査当局の世論誘導でもあるのだろう。

また夕方、仕事を発注して「明日午前中までに」という上司はいるものだ。そのようなスケジュールで仕事をすることが、本当に必要なのかは分からない。部下のやる気や忠誠心を試しているだけではないか、という気もする。ここで残業手当を払えば会社の損であり、役所であれば国の損である。払わなければ労働者の損で、労働基準法違反である。

「検討使」も悪くない

岸田文雄首相は、すぐ「検討させる」と言い、結論が出るまでに時間がかかるので「検討使」などと言われているが、「貪欲な仕事」を減らすためにはよいことである。たとえば、2021年10月8日の最初の所信表明演説で「新しい資本主義」という言葉を打ち出し、10月15日に「新しい資本主義実現会議」を発足させたが、報告書が出たのは2022年の6月

７日の「新しい資本主義のグランドデザイン及び実行計画」である。８カ月間、検討していたことになる（まあ、８カ月は長すぎるとは私も思う）。

内容は、資本主義は成長をもたらしたが、一方、経済的格差の拡大、気候変動問題の深刻化、過度な海外依存による経済安全保障リスクの増大、人口集中による都市問題の顕在化等による多くの弊害も生んだから、これを是正していきましょう、というものだ。

経済安全保障リスクの増大はロシアのウクライナ侵攻、中国の戦狼外交への反応であり、人口集中による都市問題の顕在化とは地方の衰退を止めましょう、ということで、これまで繰り返し述べられてきたことである。

「資本主義を超える制度は、資本主義でしかありえない。新しい資本主義は、もちろん資本主義である。しかし、これまでの転換が『市場か国か』『官か民か』の間で振り子のごとく大きく揺れ動いてきたのに対し、『新しい資本主義』においては、市場だけでは解決できない、いわゆる外部性の大きい社会的課題について『市場も国家も』、すなわち新たな官民連携によって、その解決を目指していく」というあたりが、この文書の胆《きも》である。

要すれば、官の出番がありますよ、という首相から各省庁へのメッセージである。これさえ理解すれば、報告書を作るのは難しくない。明日までにどうとかしろという仕事はない。

「新しい資本主義は、もちろん資本主義である」というキーワードは、忙しい首相の日程を縫って承諾を得なければならないものかもしれないが、8カ月もあれば「貪欲な仕事」は要らないのではないか。もちろん、細かいことがたくさん書いてあって、それぞれが役所の権限と絡んでいるので、この交渉には「貪欲な仕事」が必要だったのかもしれないが、早く案を作れば時間をかけて交渉することもできるだろう。

もちろん、検討使がまずいこともある。自民党の萩生田光一《はぎうだこういち》政調会長（当時）は2023年11月28日、首相が新たな政策の方向性を示してから、具体的な内容を説明するまでの期間を「予告編」と表現したうえで「予告編が長くて、出てくる本番の中身にちょっとミスマッチがある」と指摘した。

例として所得減税を挙げ、「（首相が2023年）9月に『還元』という言葉を使ってから本人はずっと黙っていた。周りの人が『これじゃないか。あれじゃないか』とメニューを言ってしまい、出てきたものへの期待値が国民の皆さんと合わない」と語ったとのことである（「内閣支持率低迷の原因『予告編が長くて』自民・萩生田氏が苦言」『毎日新聞』2023年11月28日）。これは、「貪欲な仕事」も必要だということを示している。

「減税による支持率低下」説の誤り

首相の減税には「貪欲な仕事」が必要だった。日本経済新聞とテレビ東京の２０２３年10月27～29日の世論調査によると、岸田首相の所得税減税を「適切だとは思わない」と答えた人が65％もいたという（「内閣支持33％、発足後最低 所得減税「適切でない」65％ 日経世論調査」『日本経済新聞』２０２３年10月29日）。

減税がなぜ評価されないかといえば、減税方針が迷走し、首相の指導力が見えなくなったからだろう。指導力を見せつけるためには、党内が減税に反対している中で「国民の努力によってＧＤＰが上がり、税収も増加したので、物価高に苦しむ国民に税収増を還元したい、減税は民のお金を民に返すことである」と明確に主張すればよかった。

なお、岸田首相の減税策について、大手メディアは減税で支持率が落ちたと報道しているが、救国シンクタンクの世論調査によると、減税による支持率低下は減税そのものへの評価でなく、「短期間の減税後にそれ以上に増税される」「減税政策が単なる選挙対策に思える」「恒久減税または複数年に渡る減税を行うべき」などの理由によって減税への評価が低下したのだという（「民間シンクタンク調査『岸田内閣支持率16・８％』の衝撃……必死の大メディア

『減税で支持率が落ちた』の大嘘で世論を誘導」ヤフーニュース2023年11月29日)。

本当に必要な「貪欲な仕事」を

話を戻して、小泉純一郎首相は、党内に敵を作り、それを打ちのめすことで指導力を見せつけた。その例に倣えば、党内増税派にまず増税を主張させ、減税期待が低まったところで、減税を打ち出さなければならなかった。小泉首相は一方的に反対派を打ちのめしたが、岸田首相はそういうキャラではない。

どうしたらこういう芝居をうまくできるだろうか。減税と給付金が混じって分かりにくくなった政策を細部まで詰めて、いつでも実施できる案を情報が漏れないように作成し、恥をかかせることになる増税派の面子をあとから救うことまで考えて舞台を回すのは「貪欲な仕事」だろう。多忙な有力者や実務家の間を飛び回って、秘密裏に話をつけないといけない。

ところが岸田政権には、本来の意味での「貪欲な仕事」をしてくれる人がいなかったようだ。残念なのは、首相が検討使であることの日本全体のメリットを自覚されていないことだ。願わくばゴールディン教授の著書を読まれて、検討時間のあるメリットと本当に必要な「貪欲な仕事」について考えていただきたい。

もちろん、現在の日本でも「貪欲な仕事」は減っているだろうが、それでもまだまだ残っている。こういう仕事を減らせば、女性が上級の管理職に進出しやすくなるだけでなく、社会全体の効率が高まる。

人事部が強すぎる

さらに日本の企業の効率を低めている要因として、日本の企業の強すぎる人事部がある。あるメガバンクの知人から聞いた話だが、人事部は、行員との面談で、専門知識について聞いてはいけないことになっているという。聞けば、何も知らないことが分かって権威を失うからだという。専門分野について質問するなという人事部のマニュアルもあり、それを知った知人は外資に移ったという。

人事権は権力だが、権力があっても組織を効率的に運営できるわけではない。習近平の権力は絶大だが、それで中国経済を発展させることができるわけではない。大きな組織の統制が政治的になるのは避けられないが、効率よりも自分たちの権力維持を狙う組織がはびこっては、会社は効率的になりえない。

誰を残すべきかを会社が理解していない

また多くの会社が、希望退職制度や早期退職制度などでリストラしても、できる人から辞めてしまい、逆効果だという。しかし、辞めてほしくない人にはあらかじめ昇進をにおわせるなどして、辞めないようにする方法もあるはずだ。もちろん、これをやり過ぎれば指名解雇と変わらないと指弾されるのかもしれないが、もっとひどいことをしている会社はいくらでもあるのではないか。

私は、会社が、誰を残すべきかを理解していないのではないかと思う。組織内部で権力争いしている企業では、そもそも権力争いの要員なのか、利益のための要員なのかが分からなくなってくる。

海外の企業では、チーム長が人事権を持っている。チームとしての稼ぎがチーム長の給与に反映すれば、より少ない人数で同じ仕事をできるチーム長の給与は高くなる。もちろん、チームの人員が減ればチーム員の給与も高くなる。

たしかに、人を減らして残った人の給与を上げるのは人情として難しいが、仕事が増え、転職する人が増え、人手が足りない状況であれば、難しくはなくなる。技術革新に反対する理由はなくなる。これが海外でデジタル化が進み、日本では進まない理由ではないか。

結語――よいことをするより悪いことをしないこと

経済が低迷すると、まず成長戦略が必要だという話になるのだが、具体的に何をするかというと実は分からない。岸田政権は「新しい資本主義」で政府が方向性を示すというが、その方向性が正しい保証は何もない。それよりも、まず現存する不合理を正すことが大事である。たとえば、130万円の壁である。これによって労働時間を減らしている人が確実にいる。このような人を減らせば、家計の所得もGDPも税収も増える。人々を信じて、まずできることから始めるのが肝要だ。

成長戦略は何をしたらよいか分からないが、どうすれば無駄をなくせるかは分かる。よいことをするより、悪いことをしないのが肝心だ。

第3章

人手不足でなければ経済は効率化しない

第1節　ルーカスの主張と現実

高圧経済とは何か

成長戦略と言っても、これまで述べたように、何をしたらよいかはほとんど分かっていない。であるなら、高圧経済政策を採用するのがよいのではないか。

高圧経済とは、経済に金融、財政両面から圧力を加え、経済を需要超過気味に運営することである。そのことによって労働者が失業状態から雇用されるようになり、雇用されている労働者が、より高いレベルの仕事に就くことができる。労働者は実際の仕事を通じて技能を高めることができる。もちろん、労働の稼働率を高めるだけでも多くの利益があるが、たんに経済の稼働率を高めるだけでなく、長期的な成長に導くことができるという考え方である。つまりは人手不足状態を多少、無理をしても作り出すということだ。

長期的に成長をもたらす経路は、他にもある。超過需要状態で生まれる能力増強投資と省力化投資である。前者は、資本の拡大とともに新しい技術を体現しているがゆえに生産性を高め、後者は直接労働生産性を高める（第1章第6節で見たように、資本が増えれば生産性も高まる）。

また、不況は多くの場合、これまでになされた技術開発投資を放棄させるきっかけとなり、新製品開発の力を弱める。一方、高圧経済は、技術開発投資をする力をもたらす。また、これまで繰り返し生じた急激な円高は、日本経済を度々低圧経済に導き、生産性を低下させた（本章第4節、第5節参照）。

高圧経済は、雇用拡大、雇用の質上昇、労働技能の向上、資本蓄積の強化、R&D（研究開発）投資の拡大を通じて、成長率を高める。

高圧経済は無駄というルーカス教授

しかし、合理的期待論者と言われるアメリカの経済学者、その影響を受けた日本の経済学者、エコノミストは、この考え方に否定的である。ノーベル経済学賞を受賞した、シカゴ大学の故・ロバート・ルーカス教授は、そのようなことはほとんど益がないという（Robert E. Lucas, Jr., "Macroeconomic Priorities," *The American Economic Review*, March 2003）。

図3-1-1 日本とアメリカの失業率と物価上昇率

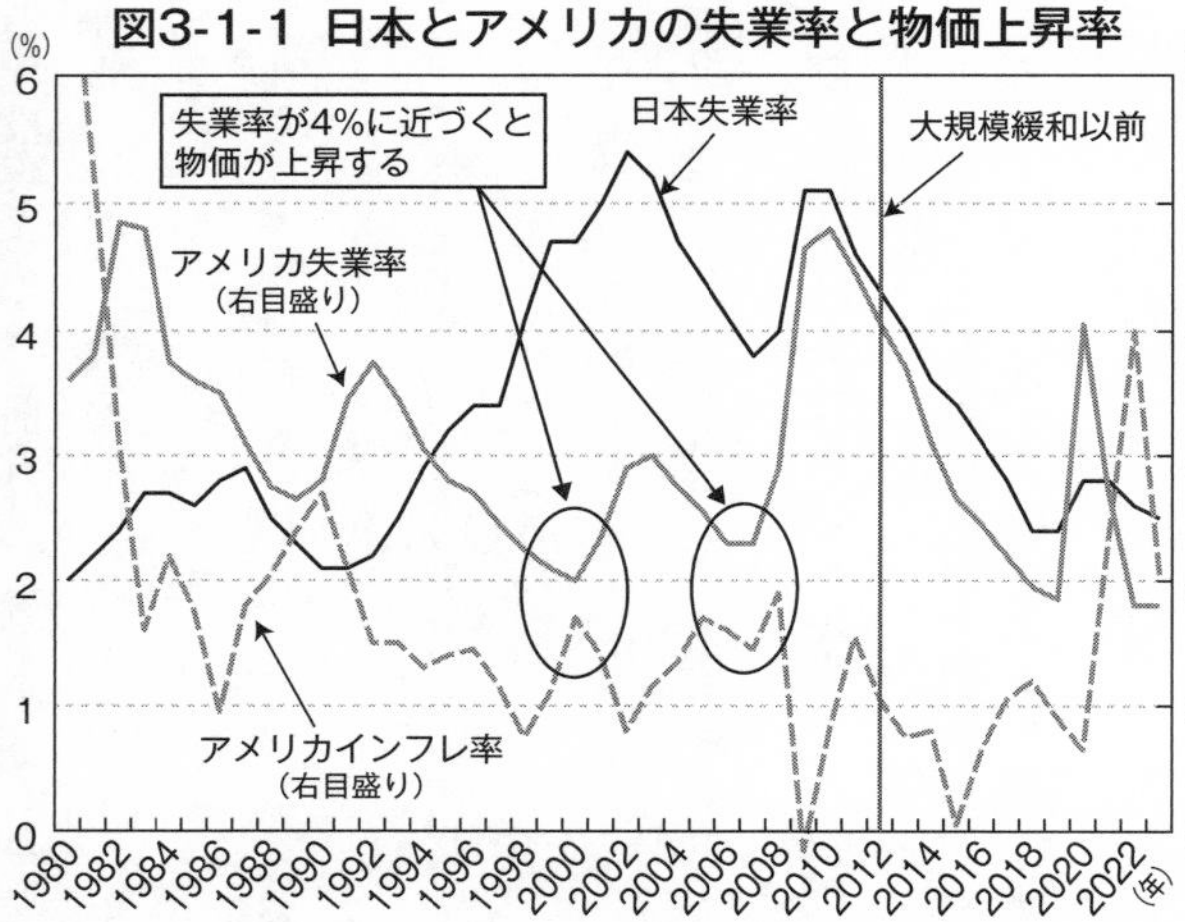

出所：International Monetary Fund, World Economic Outlook Database, October 2023

ルーカス教授の説明を私が超訳して解説すると、次のようになる。

図3―1―1は、アメリカの失業率と消費者物価上昇率を示したものである。経済は長期的に一定の稼働水準（図では稼働水準を失業率で見ている）に収斂《しゅうれん》する。この水準から大きく離れることはできないのだから、稼働水準を無理やりに高めるようなことは無駄であるというのである。

たしかに、アメリカの失業率のデータを見ると、失業率の水準は一定の値、おそらく5％程度の周りを動いているように見える。そして、失業率が4％に近づくと消費者物価上昇率が4％を超えそうになる。物価が4％を上回って上昇するのはまずいだろうから、失業率は５％程度にしておいたほうがよいというのである。

しかし、日本の場合はそうではない。グラフが見にくくなるので日本の消費者物価上昇率を入れていないが、１９９０年代半ば以降、大規模緩和前まで、石油価格が高騰した時を除いて、物価上昇率はほとんどゼロかマイナスだった。

日本の失業率は２％に収斂しているように見えるかもしれないが、これは２０１３年からのアベノミクスで大胆な金融緩和を行った結果である。これがなければ、日本の失業率は３〜４％に張り付いたままだっただろう。２０１３年まで、日本の構造失業率は３・５％で、これ以上低下させればインフレ率が高騰するというような議論が主流だった（原田泰『デフレと闘う』82―89頁、中央公論新社、２０２１年）。

日本とアメリカは違った

アメリカにおいては適切な高圧経済政策が行われていて、失業率が長期的に収斂していたのかもしれないが、日本においてはそうではなかった。３〜４％の失業率が２％またはそれ以下に低下する過程で、雇用が拡大し、労働者がより生産性の高い部門に移動し、省力化投資も行われた。高圧経済は、雇用拡大、雇用の質上昇、労働技能の向上、資本蓄積の強化、

R&D投資の拡大を通じて、成長率を高める（高圧経済についての包括的な説明は、原田泰・飯田泰之『高圧経済とは何か』金融財政事情研究会、2023年参照）。

それは第1章の図1-1-1の実質賃金、図1-1-2の1人当たり実質GDPの、大規模緩和後のわずかながらの増加、図1-6-1の1人当たり資本ストックの増加に表れている。ちなみに、高圧経済政策を実行したアベノミクス以前の2012年以前の7年間と以後の7年間（コロナショック以前の2019年までが7年間なので、それ以前も7年間を取った）を比べると、実質賃金は2012年以前が年率マイナス0・3%、以後が0・3%、1人当たり実質GDPでは以前が年率0・2%、以後が年率1・1%とわずかではあるが、高圧経済下での成長率の上昇が見られる。

第2節　生産性向上に必要な需要拡大による人手不足

中小企業の生産性向上を打ち出した菅政権

菅義偉政権は、２０２０年９月から21年10月までしか続かなかったが、経済の効率化を強調したのは素晴らしい。菅前首相は、就任後のインタビューで中小企業の生産性向上、地銀の整理統合、通信事業の効率化を通じた携帯料金の値下げ、行政のデジタル化、リモート診療などを提案していた。所信表明演説でも、既得権益の打破、規制改革などが強調されていた。

これらは、経済の供給面の改革に重点を置いているということだ。行政のデジタル化も、政府に申請する国民や事業者の効率を高めるわけだから、政府のみならず経済全体を効率化し、生産性を引き上げる施策である。

なかでも、中小企業の生産性向上を打ち出したのは素晴らしいことだった。私自身、中小企業保護を縮小し、企業の数を減らして生産性を上げるのは「正しいと思うが、自民党から共産党まで中小企業保護を唱えるのだから実行は難しい」と書いたこともあるので（「キャッシュレス化推進にマイナンバーを結び付ける謎」『Wedge ONLINE』２０２０年10月８日）、正直、驚いた。大胆な改革によって経済の生産性を高めるのは素晴らしいことだ。

人手不足こそチャンス

ただし、経済の効率化には需要拡大による人手不足が伴わないとうまくいかない。「デジタル化してもクビにできないんだから、デジタル投資の分だけコスト高になる」という経営者のボヤキを聞いたことがある。

しかし、人手不足の状況なら、人を余計に雇う代わりにデジタル投資をするのだから、誰も解雇するわけではない。

新型コロナウイルス感染拡大前まで、中小企業はもちろん、地銀でも人が集まらないと言われていた（コロナ後は再び人手不足が続いている）。地銀の整理統合とは、役員、行員、支店長、店舗を減らすということだ。反対が多いのは当然である。しかし、仕事を自ら辞めて別の仕事に就く人が多ければ、企業は何の摩擦もなくリストラできて、経済は発展できる。リストラに反対し、社内の政治闘争に明け暮れていても生産性は高まらない。

つまりは、人手不足こそがチャンスである。菅前首相の所信表明演説では、大企業で経験を積んだ人々を、地域の中堅・中小企業の経営人材として紹介する取り組みをスタートさせるとの方針も述べていたが、これも人手不足であればより効果的になるだろう（私は、大企業の人がどれだけ役に立つか疑問に思っているが)。

菅前首相の著書『政治家の覚悟』(文春新書、2020年)にも、煩瑣《はんさ》な規制が経済成長を妨げていることがさまざまに記されている。たとえば高速道路でETCを早期に導入し、時間別、期間別に料金を変更する改革を拒んでいたのも、料金を徴収する職員がETCで人員整理されては困るという問題があり、かつ、徴収する団体への天下り問題が絡んでいたという。人手不足であれば、料金徴収の職員の行き先も探しやすいだろう。

賃金を無理やり引き上げれば、高い賃金を払えない企業は倒産し、残った企業の生産性は高まるという、供給側主導の戦略もありうる。しかし、残った企業が倒産した企業の労働者を雇ってくれなければ、失業者が増加する。失業者が増えれば、失業者を含めた国民1人当たりの生産性は低下してしまう。意味のある生産性は、国民1人当たりのものだ。人手不足の中で自然に賃金が上がる、あるいは賃金の引き上げに政府が多少加勢すれば、失業を生まずに生産物が増加する。

政府は大胆な金融緩和で人手不足状態を作りながら最低賃金を引き上げてきた。2012年に749円だったものが、2023年までで255円上昇して1004円と、1000円を超えた。それ以前の2001~12年では84円しか上昇していない(厚生労働省「地域別最低賃金の全国一覧」全国加重平均額）。失業者を減らしながら賃金を引き上げてきたのだから、成功といえるだろう。

継続的な人手不足が大事

人手不足であれば、省力化投資も必要になる。GDPが伸びているのだから、資本設備も不足気味になる。大規模緩和実施後では、設備投資も伸びている。そもそも、投資しないと生産性も伸びない。新しい設備には新しい技術が体化されているのだから、設備を新しくすれば生産性は自然と高まるものである。

ところが、需要が伸びる、もしくは継続すると思えなければ投資はできない。すると、投資するためにも需要が伸びていることが必要である。需要の拡大とともに人手不足が生じ、生産性も高まったのである。

では、どうしたら継続的に需要を喚起し続けることができるのだろう。2001〜06年および13年以降は、大胆な金融緩和政策を行った時期である。01〜07年では財政支出はわずかに抑え気味であった。12年以降は財政支出はほぼ一定だったが、2度の消費税増税を行っている。増税後、どちらも消費が大きく低下している。このことを見れば、金融・財政両面からの景気刺激政策を続けることが必要だということになる。

それでは財政赤字はどうなるのか、という意見が必ずあるだろうが、どちらの時期も財政赤字は縮小し、政府債務残高の対ＧＤＰ比は横ばいになっていた。２０１２〜18年に一般政府赤字の対ＧＤＰ比は５・７％縮小したが、うち消費税増税によるものは１・５％でしかない。金融緩和で好況にならないと財政再建もできない、ということだ（財政赤字、一般政府の意味については第4章参照）。

ライドシェア解禁の議論も人手不足から

生産性を高めるためには規制緩和が重要だが、人手不足がなければ規制緩和は難しい。これまで禁じられてきたライドシェア（アメリカのウーバーのように一般ドライバーが乗客を運ぶサービス）で、２０２３年後半になって急に解禁の動きが生まれた（以下「ライドシェア解禁が急浮上　タクシー運転手、10年で3割減　需要回復も安全なお懸念」『日本経済新聞』２０２３年9月21日による）。この背景には、タクシー運転手の深刻な不足と、インバウンド（訪日外国人）の急激な回復がある。

タクシー業界では、いまの運転手の資格要件を緩和することで担い手を増やす案もある。

国交省は2023年9月15日、新たに過疎地などでの個人タクシーの営業を認め、これまで75歳だった運転手の年齢上限を80歳とする方針案を明らかにしたという。私は、80歳のタクシー運転手より普通のドライバーに運転してもらったほうが安全ではないかと思うが、政府はそうは考えないようだ。

過疎地を抱える自治体も、解禁を求めている。菅氏ら自民党の一部の動きを維新や都市・地方の声が後押しする可能性があるという。菅義偉前首相や河野太郎デジタル相らが旗振り役を担っているが、有力政治家といえども、人手不足がなければ規制緩和に向けて力を発揮できないだろう。

タクシー業界の反対で、ライドシェアが解禁されるかどうかは分からないが、人手不足が規制緩和の動きを加速するのは明らかだ（結局、タクシー業界の反対で、タクシー会社が管理するライドシェアが2024年4月に解禁されることになった。さらに解禁するかどうかは、24年6月までに判断するとのことである〈「ライドシェア」24年4月に限定解禁　全面導入に業界抵抗〉『日本経済新聞』2023年12月20日）。

第3節　日本から工場をなくしてもよいか

超円高ショック

日本に工場を残すのは難しくなっている、と言われている。海外での生産のほうが安価だとか、日本は人口減少で将来はない、と日本の経営者自らが言っている。私も、アメリカの経済学者に「工場での労働はなぜ重要なのか。事故も起きるし、ケガもする。労働組合の仕事だから、雇用の保証や医療保険がついていることがよいのか」と聞かれたことがある。うまく答えられなかったが、サプライチェーンの維持や安全保障上も製造業は必要だろう。

私は、補助金を与えてまで残すべきとは思わない。一方、円安が補助金だという人もいる。しかし、リーマン・ショックのあとを考えてみると、世界的に需要が激減したときに、1ドル120円程度だったレートが79円にまでなった。

これだけ一挙に超円高になれば、日本が製造基盤を失ってしまうのは当然である。日本の実質国内総生産（ＧＤＰ）は、２０００年のＩＴバブル崩壊後、何とか成長していたが、08年のリーマン・ショックとその後の円高でさらに低成長となった。一方、韓国はウォン高にはならなかった。世界需要激減の影響は受けたが、日本のように長期にわたる低成長とはならなかった（本章第5節参照）。

また、本章第４節で述べるように、香港、韓国、シンガポール、台湾は日本より成長率が高く、為替レートが割安である。

製造業は高い賃金を払える仕事

いちばん大事なことは、製造業の仕事は依然としてより高い賃金を払える仕事であることである。より高い賃金の仕事であるなら、それだけの理由で残したほうがよいのではないか。より高い賃金の仕事を残して、より低い賃金の仕事が減れば、それだけで賃金は平均的には上がっていくはずだからだ。

ただし、製造業の年収は図3-3-1のようになっており、平均よりやや高いだけである。全産業の平均（産業計）４８９万円に対して、製造業は４９２万円にすぎない（２０２１年の10人以上企業、学歴計）。

図3-3-1 産業ごとの年収（学歴計、2021年）

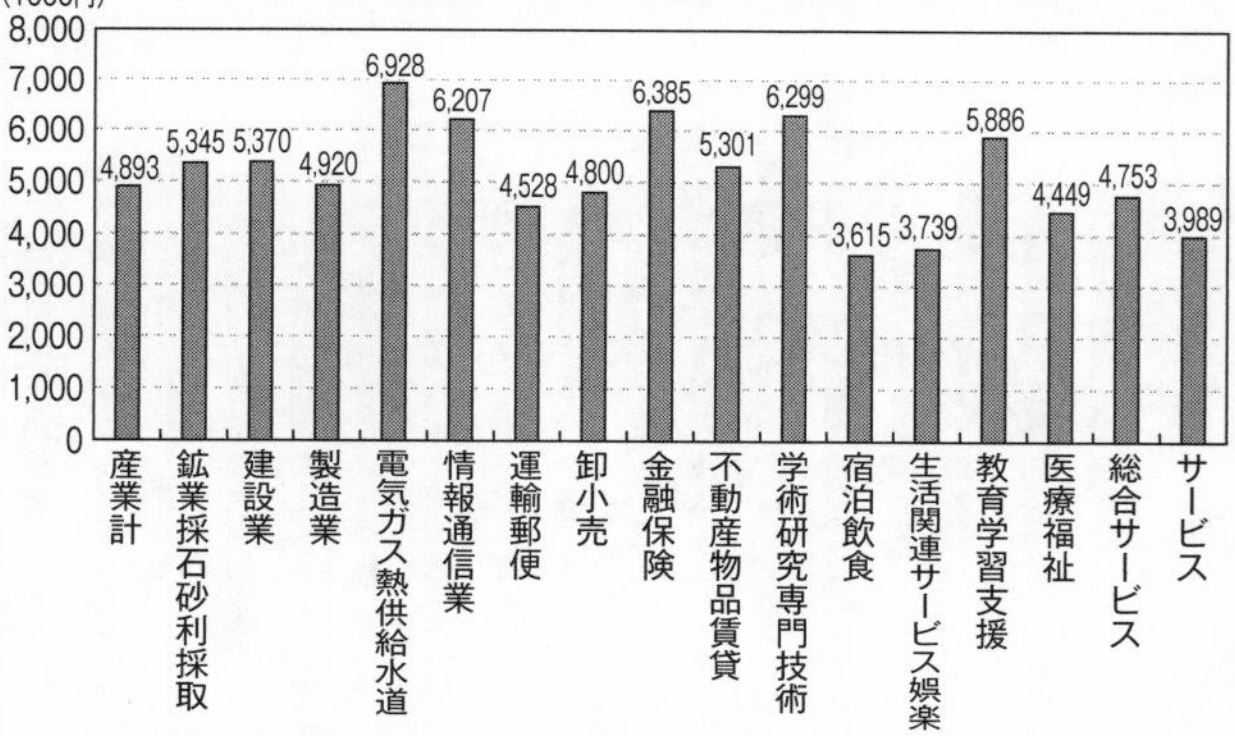

出所：厚生労働省「賃金構造基本統計調査」2022年3月（データは2021年）
「第１表　年齢階級別きまって支給する現金給与額、所定内給与額及び年間賞与その他特別給与額」（10人以上、学歴計）
注：年収＝決まって支給する現金給与×12＋年間賞与その他特別給与額サービス*はサービス業（他に分類されないもの）

製造業より高い産業は、鉱業採石砂利採取、建設業、電気ガス水道、情報通信、金融保険、不動産賃貸、学術研究専門技術、教育学習支援と、16業種のうち８業種ある。うち鉱業採石砂利採取、建設業が高いのは、屋外での仕事が多いこと、電気ガス水道、情報通信、金融保険は国による規制産業であること、学術研究専門技術、教育学習支援は高学歴者が多いからだろう。

規制産業での雇用を増やしても、この部分でのサービスの質を低下させ、価格を上げるだけで、これらの産出物を使う産業でのコストを高めてしまう。電力業が停電を起こしても賃金が高いのは、規制産業である面も大きい。

図3-3-2 産業ごとの年収(高校、2021年)

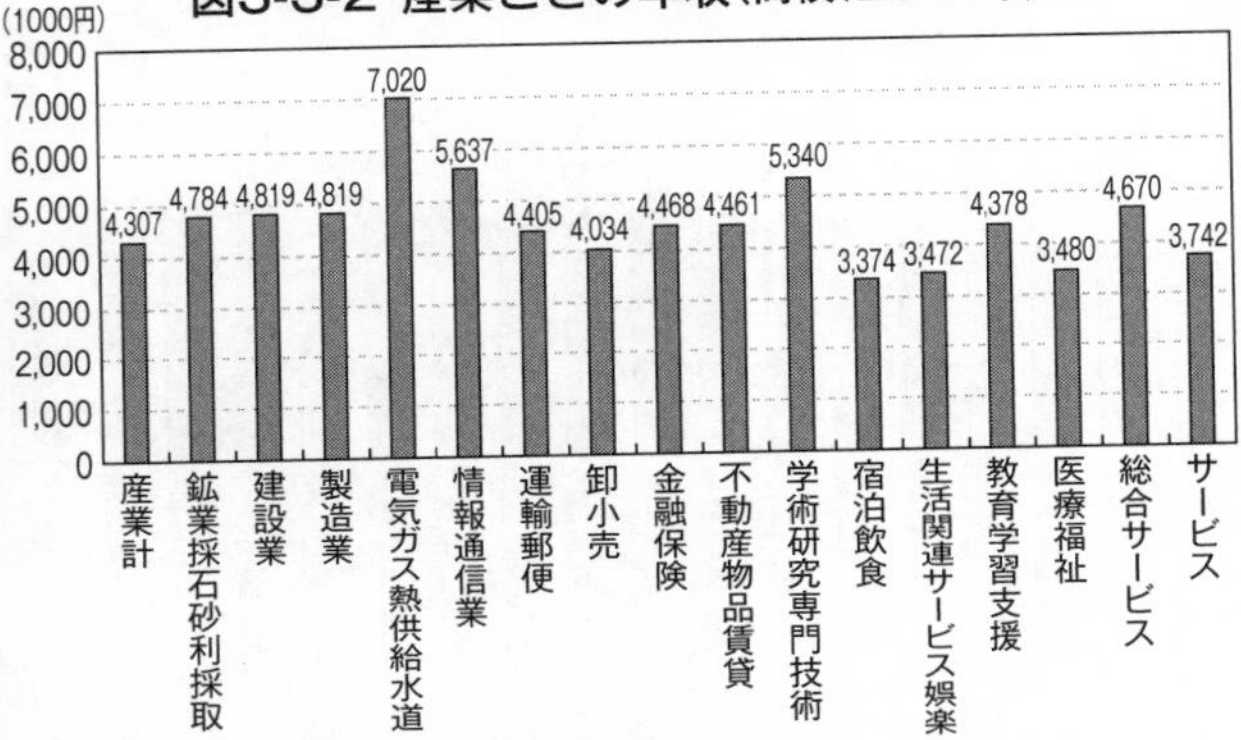

出所：厚生労働省「賃金構造基本統計調査」2022年3月(データは2021年)
「第１表　年齢階級別きまって支給する現金給与額、所定内給与額及び年間賞与その他特別給与額」(10人以上、学歴計)
注：年収＝決まって支給する現金給与×12＋年間賞与その他特別給与額サービス*はサービス業(他に分類されないもの)

すると製造業は規制産業ではなく、他の産業に高いコストを押しつけることはないから、発展したほうがよい産業ということになる。

なお、産業計の月の所定内労働時間は１６５時間、超過実労働時間は11時間なので、年間では合わせて２１１２時間となる。産業ごとの違いはそれほど大きなものではないので、労働時間の長短はあまり考えなくてもよいだろう。

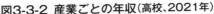

製造業の高校卒労働者の賃金は高い

次に、図３-３-２で高卒労働者の賃金を見てみる。２０２１年の高卒労働者の年収を見ると、産業計の年収４３１万円に対して製造業は４８２万円と、高くなっている。

なぜ高卒の賃金に注目するかといえば、アメリカ社会の分断が高卒と大卒の所得格差、さらに大卒の中の一部の人の極端に高い所得との格差によって生まれている、とされているからだ。アメリカでは、１９９０年代までなら大学に行かなくても子供を育て、郊外に美しい家を持ち、立派に生活できたのに、その後の脱工業化ですべてが変わってしまった、と言われている。しかし、日本ではそんな兆しはない。

以上を見ると、製造業の年収が平均以上であることは間違いなく、高卒労働者には相対的に高い賃金を支払っている。せっかくより高い賃金を払っている産業を円高で潰すことはない。

もっと生産性を上げられる

ただし、製造業（他の産業にも応用できるはずだが）の生産性をもっと上げる方法はあるはずだ。売り上げ１００億円という企業でも、生産計画、生産管理、販売管理、在庫管理、部材の発注管理などがうまくいっていない例がある。

中小企業では、生産も販売管理も親方や番頭が行っていて、相互に情報共有が不十分である。こんな中で、2代目社長がまず顧客リストや製造マニュアルや生産・在庫管理システムを作るという話をよく聞くが、それとあまり変わらないことがそれなりの規模の企業でも行われている、という。

製造業の場合にさらに問題になるのは、部品のサプライチェーンがサービス業よりも複雑なことだ。サービス業なら、顧客と仕入先の名簿くらいでも何とかなる気がする。日本企業にはまず、その努力が必要になってくる。

さらに、生産性が上がらない理由の一つは、企業が多すぎるからだとも言える。企業の数が大きければ、生産性の低い企業も残ってしまうからだ。

そうした中で、事業承継は優遇すべきものだろうか。事業に魅力があれば、親族や幹部社員が継ぎたがる。その企業のことを一番よく知っている人々が継ぎたがらないが、社会的利益があるから残したほうがよい企業とは、どんな企業だろうか。私は、事業承継が大事だという人々に、それはどんな企業かと度々聞いているのだが、明確な答えが返ってきたことはない。

子供は、親の事業を継ぐか継がないかを、自分がいましている仕事との見合いで決めるはずである。今の収入と、事業を継いだ時の収入とリスクとを比べて承継を考える。継がないのは、親よりも高い収入を得ているからで、日本が低成長ながら成長している証拠であり、寿《ことほ》ぐべきことである。

事業が承継されず、企業数が減ることは何ら問題ではない。１９６０年代まで、日本にオートバイ企業は何百社もあった。それが現在４社に減った。何百社もあったら、世界展開もなかっただろう。

そもそも、オートバイでも車でも家電でも小売でも銀行でも、世界と比べて日本は企業数が多すぎるのではないか。それが現在、減少して少数の生産性の高い企業に集中しようとしている。それを中小企業保護政策で無理に押しとどめることはない。

製造業は重要だ

製造業の賃金が他産業より高いということは、製造業は重要だということだ。賃金が高くても、規制や新規参入の抑制で高い賃金になっている業種もある。それは経済全体のためにはなっていない。医者の社会的地位や給与は国によって異なる。中国では医者の地位は低い。韓国では財閥大企業のエリート社員のほうが上かもしれない。イギリスの医療制度は国営に近く、医者の給与は抑えられている。日本のように、18歳で一番成績のよい子どもがみな医者を目指すというようなことはない。これは、医者の給与が規制によって決まることを示唆している。

故・宇沢弘文東大教授は、頭のよい子がそろって医者や弁護士になりたがるのは開発途上国だけだと言ったそうである。医者には人の命を救えても、日本経済を救うことはできない。

第4節　円安で日本は貧しくなるのか

雇用を直撃する円高

円安が日本を貧しくする、という議論は根強い（たとえば「意外に根深い『悪い円安』年末株高シナリオ揺らす」『日本経済新聞』２０２１年10月17日）。たしかに、自国通貨が安くなれば海外のものを高く買わないといけないから、この点では損をする。

しかし円高になれば、日本のものを高く売らなければならないというハンディを負わされる。このハンディを負わされる産業は、主として輸出製造業である。自由競争で比較的高い賃金を得ている人にハンディを与えれば、規制産業で働いている人が得になる。これは経済全体の効率を引き下げるのではないか。

また、円高は日本の雇用を直撃する。安く買えるようになっても、仕事が減れば損失は大きいのではないか。

高く売れるように頑張ればよい、という人もいる。たしかに、時刻が狂う機械式時計を何千万円もする値段で売っている会社があるのだから、高く売ることは重要だ。しかし、どうしたら高く売れるかが分からなければ意味がない。

実際に、自国通貨が高い国と低い国とでどちらの実質所得が上がったかを見てみよう。

購買力平価と為替レートの比較

購買力平価とは、各国で生活水準を比較できる、なるべく共通の財・サービスを購入した時どれほどかかるか、という計算から導かれる各国通貨の交換レートである。すなわち、共通の財・サービスのバスケットを購入した場合、日本で１５０万円かかり、アメリカで１万ドルかかるなら購買力平価での交換レートは１ドル＝１５０円である。この指標はＩＭＦ、

OECD、世界銀行などが計算している（本書ではIMFのものを用いている）。

一方、為替レートとは、為替市場での取引で決まる交換レートである。為替レートは一物一価の法則により、自由に貿易される財の価格に主導されて決定される傾向があるが、購買力平価は貿易されない、またはされにくい財・サービスの価格も含んで計算される。

すると、為替レートが購買力平価に比べて高いとは、貿易で取引されない国内の財・サービスの価格に比べて輸出価格が高くなる、ということである。輸出産業は、国内の価格の高い財・サービスを投入して輸出品を作らなければならないのだから、それだけハンディを負わされることになる。

図3-4-1と図3-4-2は、購買力平価レート／為替レートを示したものである（いずれも1ドル当たりの自国通貨）。これが高い国の為替レートは割高で、低い国は割安となる。この値はアメリカのドルを基準としているので、アメリカは常に1である。国の数が増えると分かりにくくなるので2つの図に分けてあるが、図3-4-1はG7（先進7カ国）とスイス、図3-4-2はアジアの先進国を示している（参照のため、アメリカとスイスも入れている）。

図3-4-1を見ると、1980年代半ばからアベノミクス開始まで、日本はずっと割高な為替レートであったことが分かる。それに対して、他のG7諸国は1の周りを上下してい

図3-4-1 主要国の購買力平価レート/為替レート(G7)

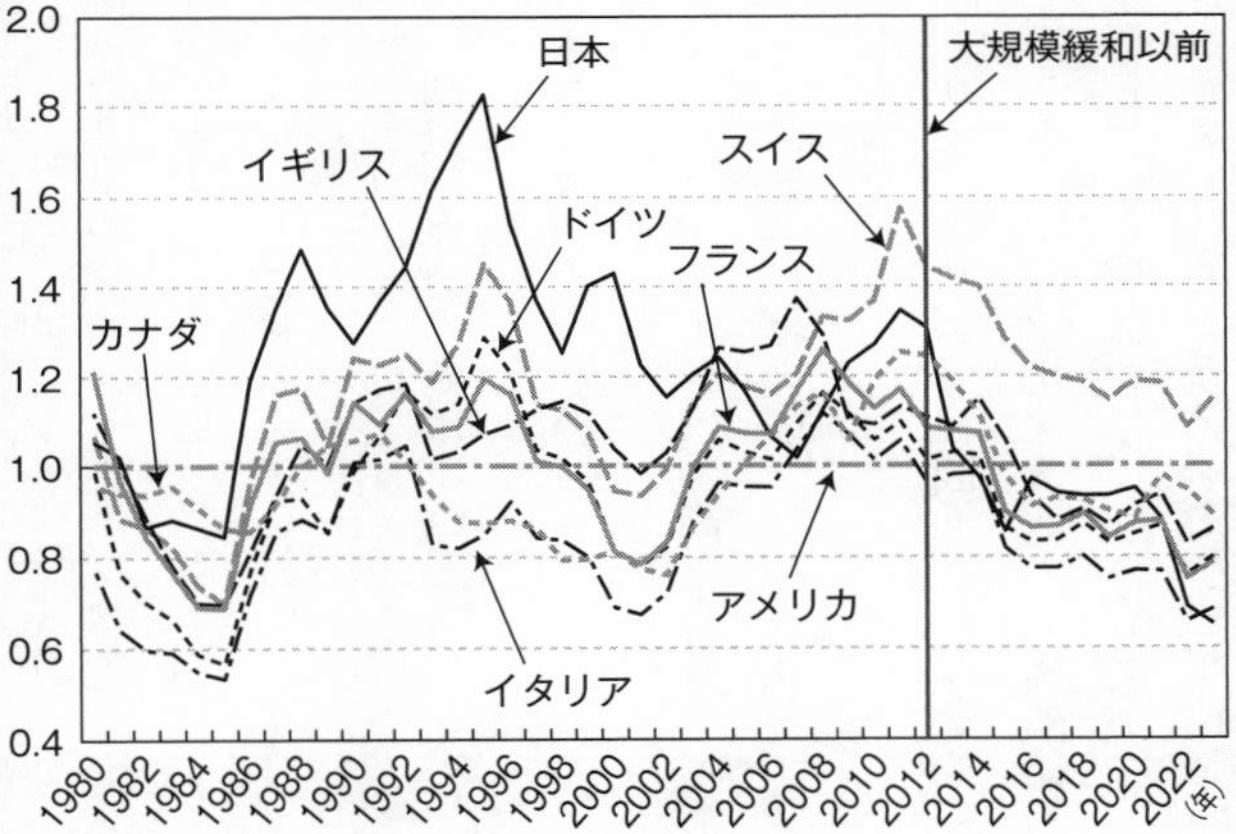

出所：IMF, World Economic Outlook Database, October 2023

図3-4-2 主要国の購買力平価レート／為替レート(アジア先進国)

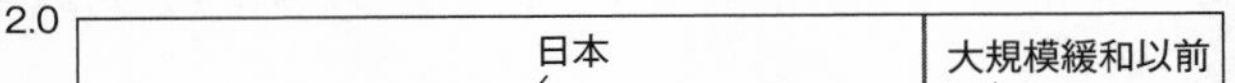

出所：IMF, World Economic Outlook Database, October 2023

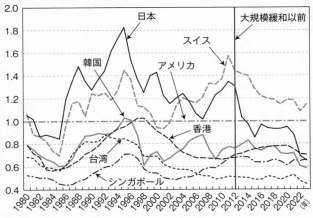

る。

図3-4-2を見ると、香港、韓国、シンガポール、台湾は1以下である。すなわち、為替レートが割安だったということである。これらの割安な国は高い成長を示して1人当たり購買力平価GDPで日本を追い抜いたが、割高な日本は停滞した。ここから考えると、為替レートが低いほうが、成長率が高くなるのではないか。少なくとも、為替レートが割高であることに利点はないのではないか。

日本とスイスの違い

こういうと、スイスは割高な為替レートでも高い経済成果を上げているのではないか、日本もスイスに学べばよい、という反論があるかもしれない。しかし、スイスと日本を比べることには無理がある。

たしかに、スイスは自国通貨高になっている。にもかかわらず、スイスは日本よりずっと豊かである。スイスの1人当たり実質購買力平価GDPは2023年で7・3万ドル（2017年価格）であり、日本の4・3万ドル、アメリカの6・6万ドルを凌駕する。

日本もスイスのような国になぜなれないのか、という疑問があるかもしれない。

その理由は、第1に、スイスも自国通貨スイスフラン高のトレンドを持っているが、日本ほど大きなトレンドをもったことはないことだ。これは、スイスが為替介入しているからでもある。第2には、日本ほど大きく変動したこともない。これらによって、スイスは自国通貨の上昇や変動に対する準備ができた。第３に、スイスは常に人手不足経済の中で自国通貨高を経験した。通貨が上昇してコスト高になれば海外に生産拠点を移していった。さらには、海外の企業を買収して自国の人材を派遣するようになった。

人口８６４万のスイスには、グレンコア（エネルギー）、ネスレ（食品）、チューリッヒ保険、ロシュ（薬品）、ノバルティス（薬品）、スイス・リー（再保険）、ＵＢＳ（金融）、ＡＢＢ（重電、重工業、産業用ロボット）、クレディスイス（金融、２０２３年6月、ＵＢＳに買収された）などフォーチュン５００の世界的大企業が14社もある。アメリカは１２２社、日本は53社で、人口当たりにするとスイスは62万人に1社、日本は２４０万人に1社となる。

なぜそうなったかといえば、まずスイス人はマルチリンガルで、他国で働くことのハンディが少ない。スイスの大学生で英語の話せない学生はいない。そのような人々が世界に散って経営力を身に着けた。

日本はまず、学生の語学力が低い。円安がダメだという大学の先生には、まず学生の英語能力と異文化理解能力を上げてほしい。

さらにスイスでは国内の競争がある。日本には、323社（内資285社、外資38社）の製薬企業がある。また調査対象の製薬企業にもかかわらず、厚生労働省の調査に回答しない企業が114社もある（「医薬品・医療機器産業実態調査」2020年）。これほど企業数が多いのは、厚労省の護送船団行政のゆえだろう。

国内で競争していない企業が世界で競争できるはずがない。多少の円高でも大丈夫にするには、人材の質を上げ、日本国内での競争を強化するしかない。それなしで円高にするのは、生産性を無視して無理やりに賃金を上げるようなものだ。

過去の円高によいことはあったのか

前掲図3-4-1、図3-4-2を見ながら思い出してみよう。1980年代後半、90年代央、リーマン・ショック時には円高になった。それで日本は豊かになっただろうか。

1980年代後半の円高では、円高不況と言われながらも、まもなくバブルの好況がやってきて円高不況は忘れられてしまった。円高に対応して、日本企業は海外進出を加速させた。しかし、海外でモノを作るためには日本の製造機械を持っていかなければならない。また、海外では高度な部品を作れないので、日本から輸出することになった。

最終消費財を輸出していた日本は、資本財と部品・中間財を輸出する国へと変貌を遂げた。外から見れば外国製だが、「(最終製品の中に）ニッポン（製品が）入っている」という状態がしばらく続いた。資本財や部品のほうが利幅を取れたので、日本は有利になったと言えたかもしれない。しかし、１９９０年代半ばではそのようなことは起きなかった。

リーマン・ショック時の円高では、部品製造でも大打撃を受け、日本は半導体も液晶も太陽光電池もほとんどを失った。高く売れる産業も、高度ハイテク産業も、先進的な金融業も生まれず、製造業に代わる産業は育たなかった。

日本が円高で苦しんでいるとき、台湾も韓国も自国通貨高を経験せず、成長率を維持して日本を抜き去った。

やはり、円安が悪くて円高がよい、とはいえない。

第5節　「悪い円安論」は間違いだ

3つの間違った理由

「悪い円安論」が流行っている（たとえば「円の実力、50年ぶり低水準に接近　円安で成長力高まらず」『日本経済新聞』２０２１年11月17日）。似たような記事からなぜ悪いかという理由を整理すると、以下の３つがいえるようだ。

（１）円安になれば輸入価格が高くなり、国内の実質所得が低下する
（２）経済構造が変わり、円安になっても輸出が伸びない構造になっている
（３）円安によってドル建ての賃金が下がり、本来は退出すべき産業が残存することにより、日本全体の生産性が低下した

だから金利を引き上げて円安を是正すべきだ、という論調もある。

しかし、これらは間違い、あるいは重要な点を見逃している議論である。

（1）の円安になれば輸入価格が高くなるのはその通りだが、円高になればドル建ての輸出価格が高くなり、輸出産業の競争力が低下、輸出量も減少、利潤も減少する。問題は、輸入価格上昇の経済全体に与える損失と、輸出減少の経済全体に与える損失のどちらが大きいかである。輸入価格が上昇しても国内の雇用を直ちに減少させるわけではないが、輸出価格の上昇は輸出企業の利益の減少、あるいは赤字転落を招いて直ちに雇用に悪影響を与える。雇用減少の経済全体に与える損失のほうが通常は大きい。

（2）の経済構造が変わり、円安になっても輸出が伸びない構造になっているのは、ある程度はその通りだ。しかし、そもそもそうなったのは1980年代後半、90年代半ば、最終的に2008年のリーマン・ショック後の円高によってである。

リーマン・ショック後の世界金融危機の中で、円レートは1ドル79円まで上昇した。これで日本の製造業の国内基盤は壊滅的打撃を受けた。日本の製造業の空洞化をもたらし、円安になっても輸出が伸びない構造になってしまったのは、リーマン・ショック後の円高によるものである。それでも2013年の大胆な金融緩和で円高トレンドが是正され、円が安定すると、まず海外観光客が押し寄せ、次第に財の輸出も伸びるようになった。

（3）の円安でドル建ての賃金が下落し、退出すべき産業が残る、という問題だが、円高になったからといって新しい産業が生まれる理由はない。産業は生まれず、雇用が破壊されるだけである。雇用がなくなるより、それほど華々しくはなくても雇用が残っているほうがマシである。

円高で日本は低迷、ウォン安で韓国は成長

図3-5-1は、円レートと日本の生産の関係を示したものである。2008年の鉱工業生産指数の激減はリーマン・ショック、2011年の低下は東日本大震災によるものである。リーマン・ショック後も、東日本大震災後も円高になっている。リーマン・ショックで日本の輸出への需要が激減した時点で、日本企業は円高によるドル建て価格の上昇という競争力の低下ショックも受けた。

リーマン・ショック以前に1ドル120円程度で推移してきた円レートがショック後80円を下回る円高となった。日本企業は、円建て価格をそのままにしてもドル建て価格が1・5倍（120÷80）になるという状況に追い込まれた。しかし、世界不況の中で、製品価格を50%も引き上げるなど不可能である。円建て価格が下がって利潤が激減した。需要ショックと価格ショックの両方で、日本の生産は低下し、元のレベルに回復することができなくなっ

図3-5-1 円レートと鉱工業生産指数の関係（日本）

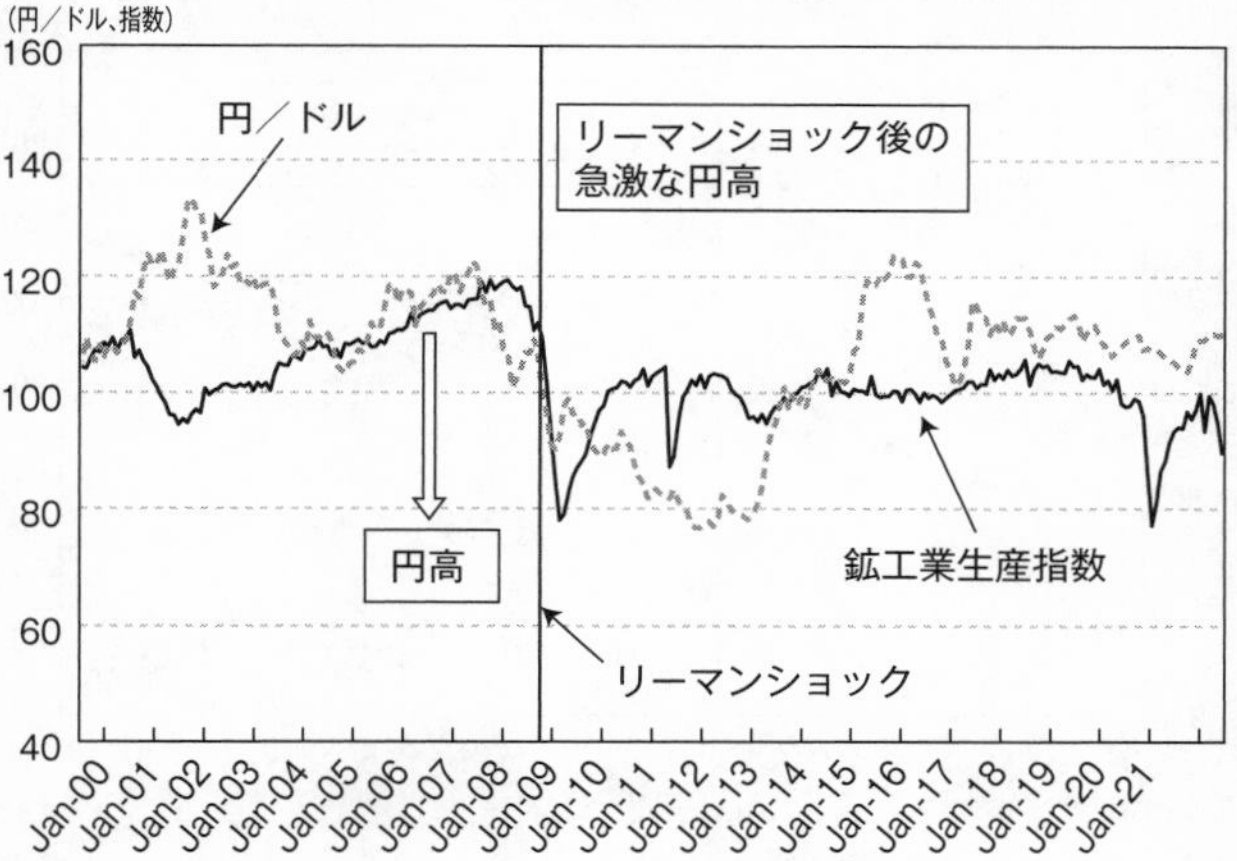

出所：日本銀行、経済産業省

た。

　もちろん、前述のように２０１３年の大規模緩和によって生産は増加したが、消費税増税の負のショックもあり、元に戻らないままコロナショックを迎えた。

　以上述べたことに関し、円高の効果は永続的で、元には戻らないのだから仕方がない、いまさら円安にしても効果はない、という反論があるかもしれない。しかし、このような反論は失敗の開き直りであり、また、２０１２年までの生産の下降と停滞トレンドが円安によってわずかながらでも反転していることからも誤りである。

　同じ図を韓国について作ったのが、図３－５－２である。韓国にはリーマン・ショック

図3-5-2 ウォン・レートと製造業生産指数の関係（韓国）

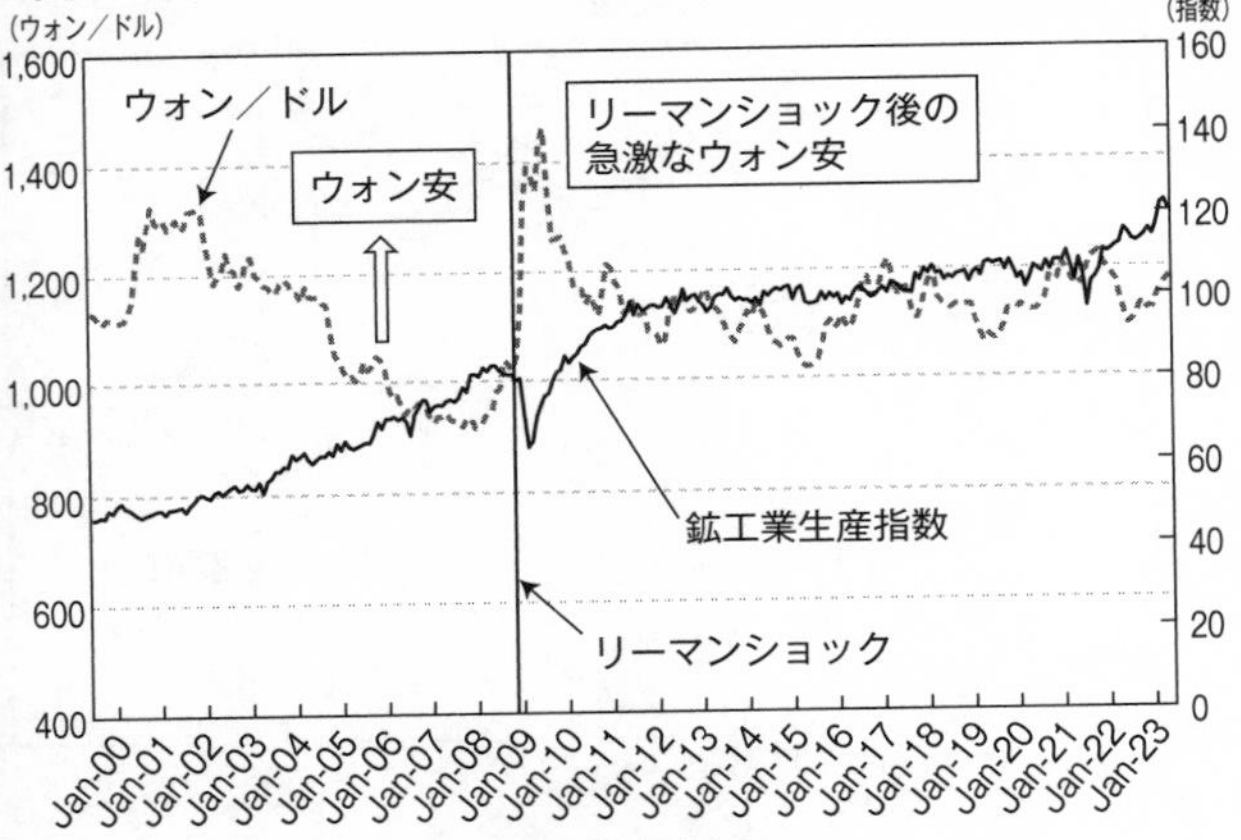

出所：Economic Data, Fereral Reserve Bank of St. Louis,
https://fred.stlouisfed.org/series/KORPROINDMISMEI

時のウォン高がない。むしろウォン安になっている。輸出主導で成長してきた経済が、世界不況で輸出が減少すれば、為替が下がってそのショックを和らげる、という当たり前のことが起きたのである。

リーマン・ショック以前、１ドル９００ウォン程度だったウォンレートが１４００ウォンに低下した。ウォン建ての輸出価格をそのままにしてもドル建ての輸出価格は36％（９００÷１４００－１）も下がる、という状況になったのである。日本の場合、世界的不況で輸出が低下したときにそのショックを拡大するような円高が起きたのに、韓国では、そのショックを和らげるようなウォン安となった。これで韓国の輸出競争力は強化された。

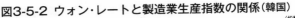

日本のその後の回復が遅くなるのは当然である。

賃金を上げたいなら直接上げるべき

そもそも、日本の生産性が上がらず、実質賃金が上がらないという問題を、為替レートという間接的手段で解決しようという発想がおかしい。賃金を上げたいなら最低賃金を上げるなどして直接、賃金を上げたほうがよい。

まずは、デービッド・アトキンソン氏に倣《なら》って最低賃金を上げてはどうだろうか（デービッド・アトキンソン『新・生産性立国論』東洋経済新報社、２０１８年、第6章）。最低賃金を上げれば、それを払えないような生産性の低い企業は退出するしかない。残った企業は生産性のより高い企業ばかりになるから、社会全体の生産性も上昇するという。

私は、無理やり賃金を引き上げれば雇用が削減されると思うが、第2章第2節で述べたように、２０２１年のノーベル経済学賞を受賞したデービッド・カード米カリフォルニア大学バークレー校教授の業績は、最低賃金を引き上げたら雇用が拡大する場合があることを示したものだ。アベノミクス時代、毎年３％ずつ引き上げても雇用は拡大していた。もう少し派手に上げてみるという実験をする価値はあるかもしれない（第2章第2節では、最低賃金の引き上げと補助金を組み合わせることを提案した)。

あるいは、まずは円高論者が、自分の給与を上げるように社長に交渉してはいかがだろうか。上げてくれるかもしれないし、「今でも高すぎる、嫌なら辞めろ」と言われるかもしれないが、試してみる価値はあるのではないか。

ただし、日本の賃金がなぜ上がらないかという研究のうちに、中高年のコスト高自覚論というものがある。日本の企業はすでにコスト高の中高年を抱えていて、これ以上賃金を上げるなどとんでもないと思っており、かつ、中高年も自分のコスト高を自覚しているので(中高年コスト高論は後述の加藤涼論文によるが、自覚しているというのは原田の解釈である)、賃金が上がらないというものだ(加藤涼「第14章　非正規増加と賃金下方硬直の影響についての理論的考察」、玄田有史編『人手不足なのになぜ賃金が上がらないのか』慶應義塾大学出版会、2017年)。これが事実だとすると、給与引き上げ交渉はリスクが高すぎるということになるので、交渉する場合には注意が必要だ。

円安は雇用を生むが、円高はとくに輸出製造業の雇用に打撃を与える。これは、せっかくの高圧経済を邪魔することになる。この点で、円高にはリスクがある。もちろん、景気がよすぎて物価も上がり過ぎている状況なら、円高で損をすることはあまりないだろうが。

第6節　ポンド下落はそれほど悪いものなのか

なぜ市場が大騒ぎになったのか

２０２２年9月6日に就任したばかりのリズ・トラス前首相は22年10月25日に辞任、わずか50日の首相だった。同日、就任した後任のリシ・スナク首相はインド系イギリス人の42歳、15年に下院議員に選出されてからわずか7年で首相に上り詰めた。イギリス保守党の多様性とダイナミズムに驚かされるが、かつて日本でも短命政権が続いたように、イギリスに首相短期交代のJapanification（日本化）が起きているという説もある。

イギリスのトラス前首相が辞任するハメとなったのは、公約で掲げていた大規模減税などを実施しようとしたところ金利が急騰、国債が下落、ポンドが暴落し、大規模減税政策、家庭などへの光熱費の補助などの多くを撤回する事態に追い込まれたからだ。

金利の上昇はポンドを引き上げてもよいはずだが、逆のことが起きている。しかも、トラス前首相の減税策は、年450億ポンド（約7・5兆円。イギリスのGDPの1・8％）にすぎない。この程度のことで、なぜ市場が大騒ぎになったのだろうか。日本のコロナ対策は、2020年度、21年度の2年間で100兆円余計に財政支出を膨らませた。しかし、市場の混乱というほどのことは起きていない。

イギリスの為替下落について、日々の為替や金利の動きを細かくフォローし、市場参加者の状況や思惑を分析し、かつ問題を理論的に整理するのは私の手に余るので、これについてはエコノミストの分析を待ちたいと思う、と私は当時書いたのだが、その後、分析というほどのものは何も出てきていないようだ。そもそも、財政赤字の拡大がポンド下落の原因だったのかも分からない。

ここでは、原因が何であるにせよ、ポンド下落がそれほど悪いものなのかを議論したい。これは「円安で経済悪化」説に囚われている人への解毒剤となるだろう。ただし、トラス首相の辞任のきっかけとなった2022年のポンド安ではなくて、1992年、ポンドが10〜15％下落した時のことについて説明したい。伝説の投機家、ジョージ・ソロスがイギリス政府にポンド売りを仕掛けて勝った時のことである。

図3-6-1 1992年ポンド危機後のイギリス経済（インフレ、金利など）

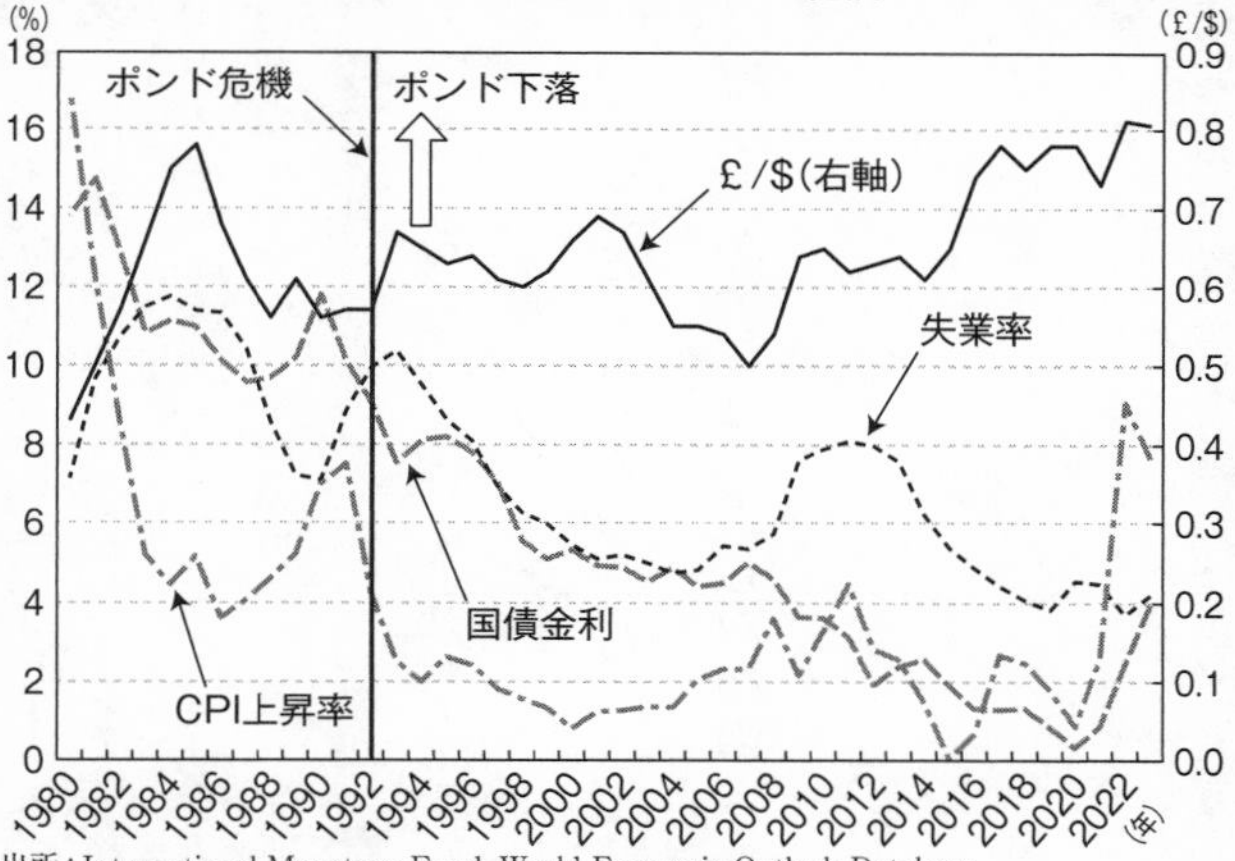

出所：International Monetary Fund, World Economic Outlook Database, October 2023, International Financial Statistics (IFS)

１９９２年のポンド下落で起きたこと

１９９２年のポンド暴落では何が起きただろうか。図３‐６‐１は、92年のポンド危機後のイギリス経済をインフレや金利を中心に見たものである。

図中、１ドル当たりのポンドで表示しているので数字が大きくなるのがポンドの下落であるが、ポンドが下落する前は、失業率が上昇していた。ポンドの価値を維持するために金利を上げていたことで、不況になり失業率が上昇していた。失業率の上昇にもかかわらず物価は上がっていた。これはスタグフレーションである。不況に耐えきれず金利を下げて、かつ何とかポンドを維持しようとしていたが、それはかなわず、ソロスに負けてポンドが下落したことが分かる。

多くのイギリス人にとって、ポンド下落は屈辱の体験らしい。エリザベス女王と戦後のイギリスを描いたドラマ『ザ・クラウン』(Netflix)でも、1967年のハロルド・ウィルソン首相のポンド切り下げが批判されるシーンがある。しかし、少なくとも92年のポンド下落は、経済を見れば悪いことは何もなかった。失業率は10％から順調に低下し、4％余りの水準となり、金利もインフレ率も低下していった。この素晴らしい状況が2008年のリーマン・ショックの前、07年まで続いた。15年間の長期好況である。日本が失われた10年を経験している時のことである。

財政状況が著しく改善した理由

図3-6-2は、為替レートに加えて、輸出等、輸入等の増加率と経常収支の対GDP比を示している。ポンド下落後、輸出も輸入も伸びて、経常収支は1998年までほぼGDPのマイナス1％以内に改善していた。

図3-6-3は、為替レートに加えて、実質GDPと名目GDPの上昇率を示している。実質GDPは順調に成長し、1992年から2007年までの15年間の年平均成長率は2・9

図3-6-2　1992年ポンド危機後のイギリス経済(輸出入など)

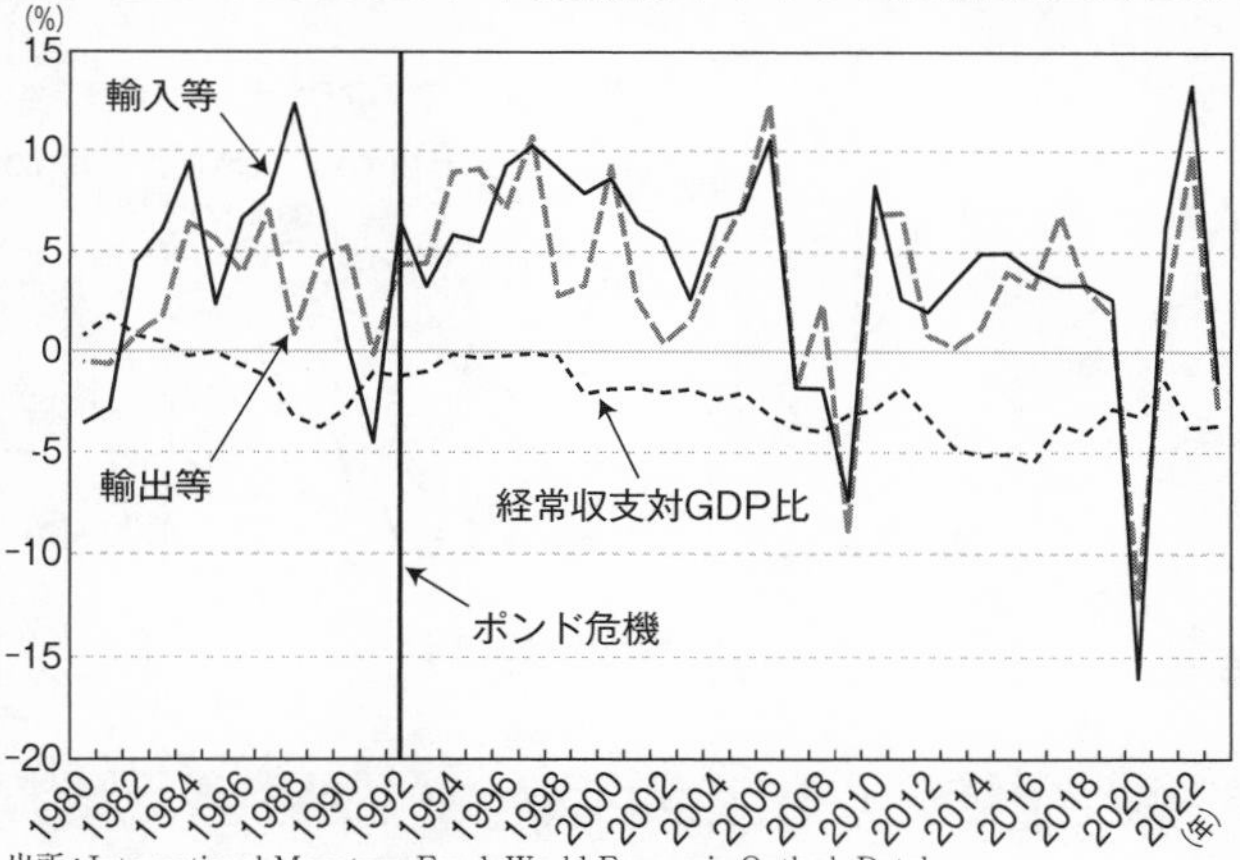

出所：International Monetary Fund, World Economic Outlook Database, October 2023

図3-6-3　1992年ポンド危機後のイギリス経済(実質GDPなど)

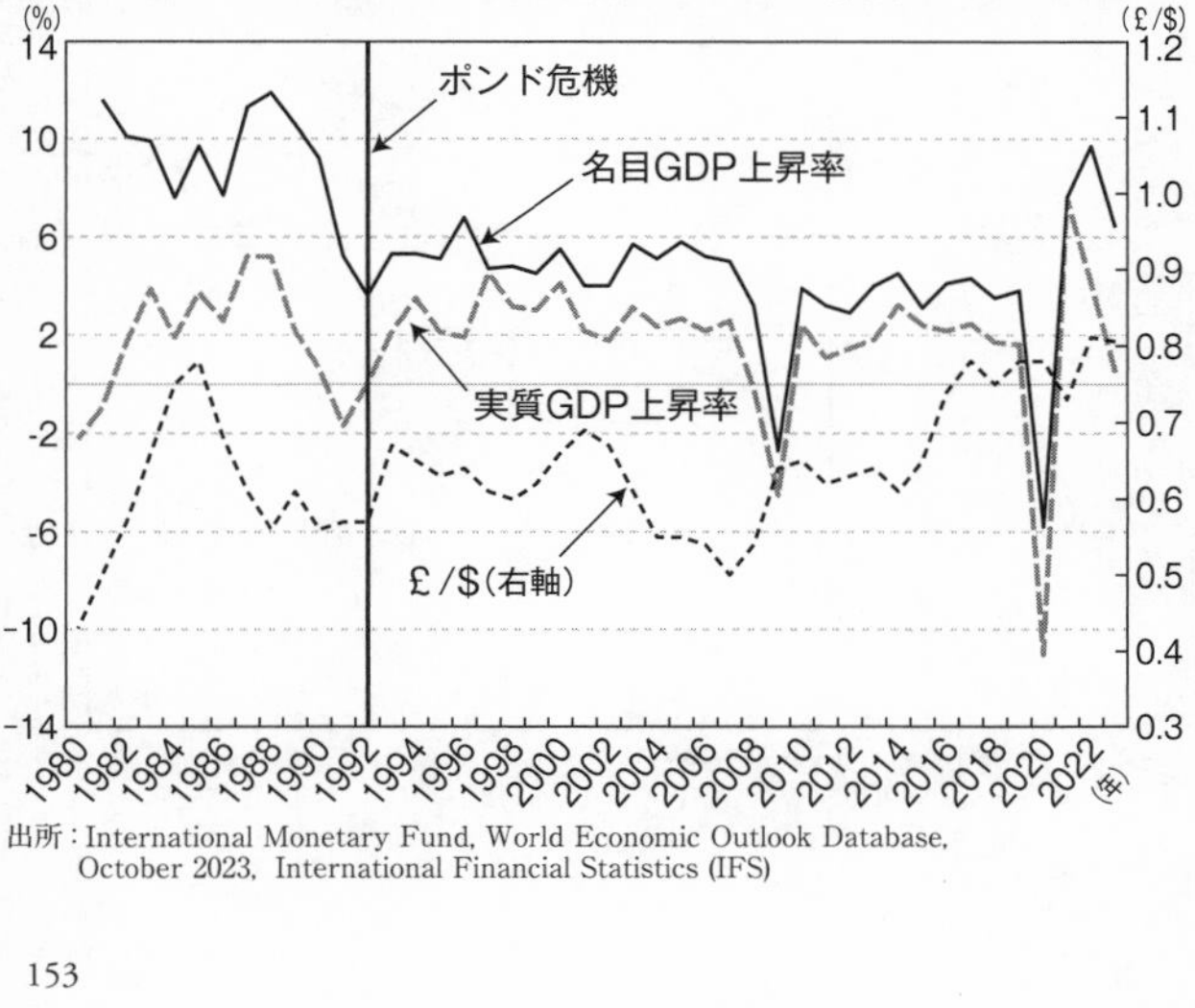

出所：International Monetary Fund, World Economic Outlook Database, October 2023, International Financial Statistics (IFS)

図3-6-4 1992年ポンド危機後のイギリス経済（財政など）

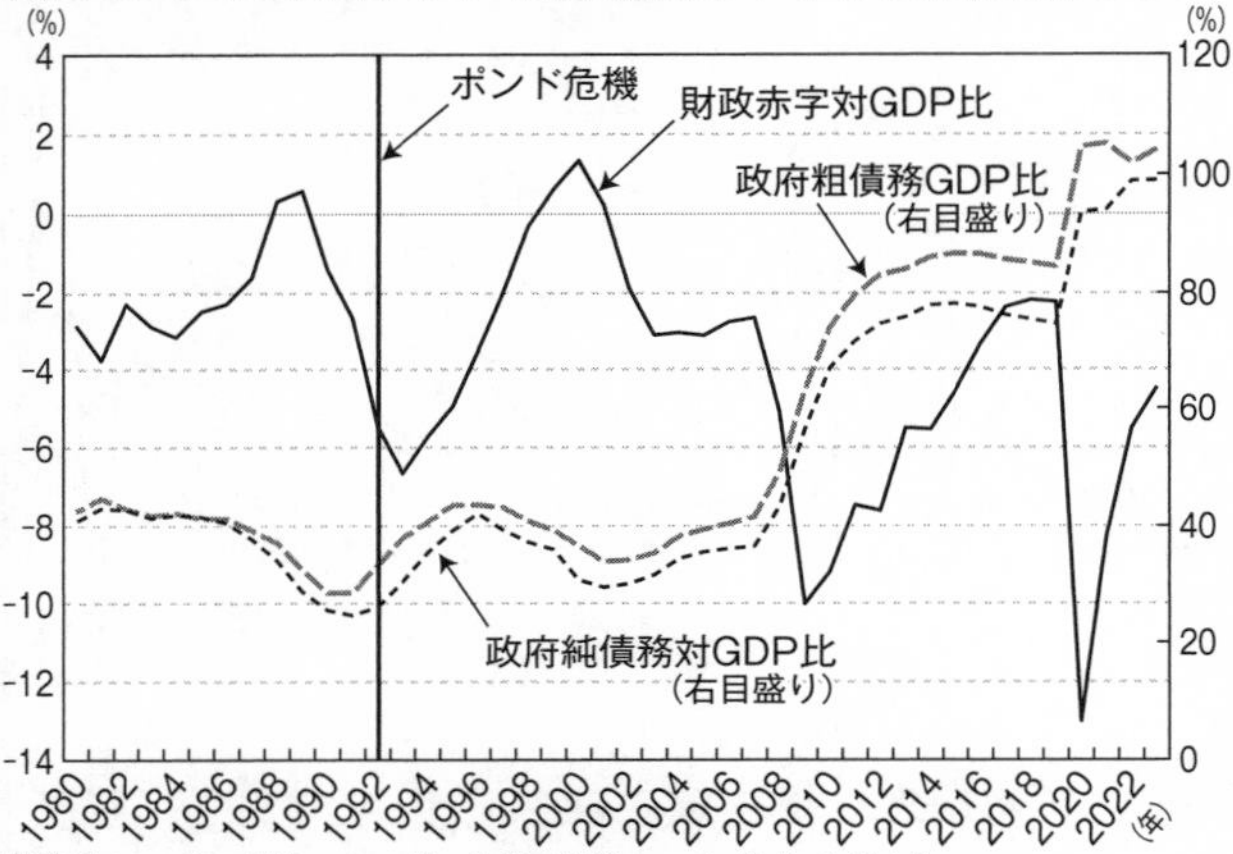

出所：International Monetary Fund, World Economic Outlook Database, October 2023

図3-6-5 1992年ポンド危機後のイギリス経済（財政支出など）

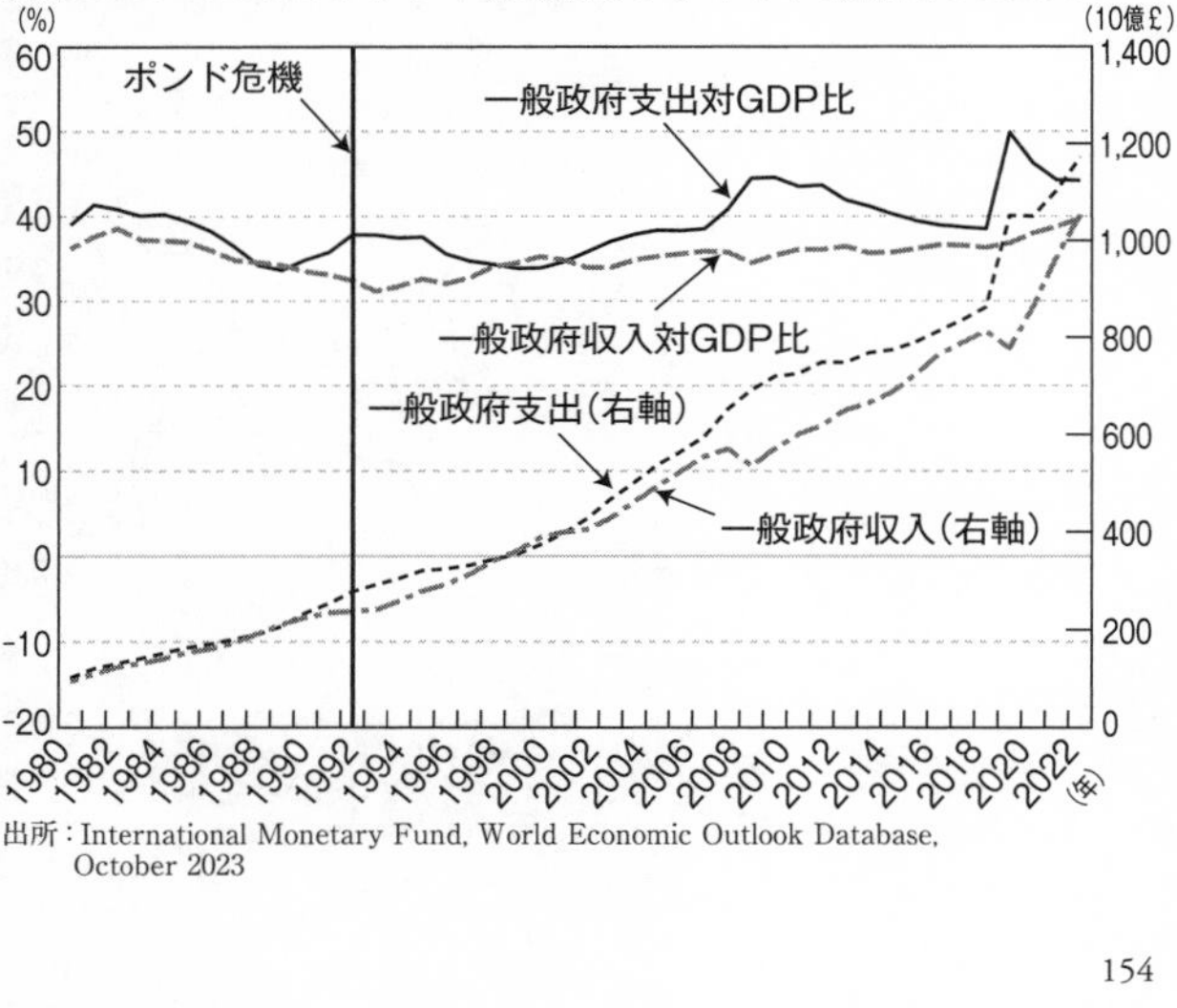

出所：International Monetary Fund, World Economic Outlook Database, October 2023

％で、その前の80年から92年までの年平均成長率２・３％から上昇した。名目ＧＤＰは、92年から２００８年まで５・１％となり、それ以前の９・０％と比べて安定した伸びとなった。実質と名目のＧＤＰが安定的に増加していたということは、図３-６-１で見た失業率の低下とともに、この間、好況が続いたことを示している。

これによって財政状況は著しく改善した。図３-６-４に見るように、一般政府の財政赤字は対ＧＤＰ比でマイナス６・７％からプラス１・４％にまで改善した。政府債務、政府純債務の対ＧＤＰ比も40％以下で安定していた。

どのようにして財政を安定化させたのか。図３-６-５は政府支出と政府収入の動きを示したものである。実額で見た政府支出は、ほとんど過去と同じように伸びている。政府収入は、過去よりもわずかに増加の程度が高まっている。政府の支出と収入を対ＧＤＰ比で見ると、支出はわずかに低下し、収入は上昇し、時間をかけて財政赤字を黒字に転換させたことが分かる。なぜそうなったかといえば、ＧＤＰが安定的に伸びたからだ。

トラス前首相は辞めるべきだったのか？

要するに、ポンドの下落に悪いことは何もなかった。ポンドの国際的価値を維持するという無理な政策をやめた結果、失業率は低下し、ＧＤＰは順調に伸び、税収も増えて財政は安定したということだ。もちろん、現在は１９９２年ではないという意見もあるだろう。

しかし、トラス前首相はばたばたすることはなかったと私は思う。ただし、富裕層への減税は、とくに10％のインフレが起きている状況では、その効果が庶民にも見えなくては納得させられないだろう（つまり、上から下へ所得がしたたり落ちるトリクルダウンが大きいことを示さないといけない）。法人税減税は、節税したい企業を呼び込めば大きな利益があるだろう。

しかし、イギリスのような大国は、そんなことをすべきではないと私は思う。

第7節　池田勇人内閣の所得倍増政策は「高圧経済」政策だった

年率5％の物価上昇の中で実質ＧＤＰが10・7％伸びた

岸田文雄首相は、池田勇人元首相が創立した自民党の名門派閥、宏池会の出身で、池田首相を尊敬しているとのことである。では池田元首相とは何をした人なのだろうか。もちろ

図3-7-1 高度成長期の経済と通貨供給

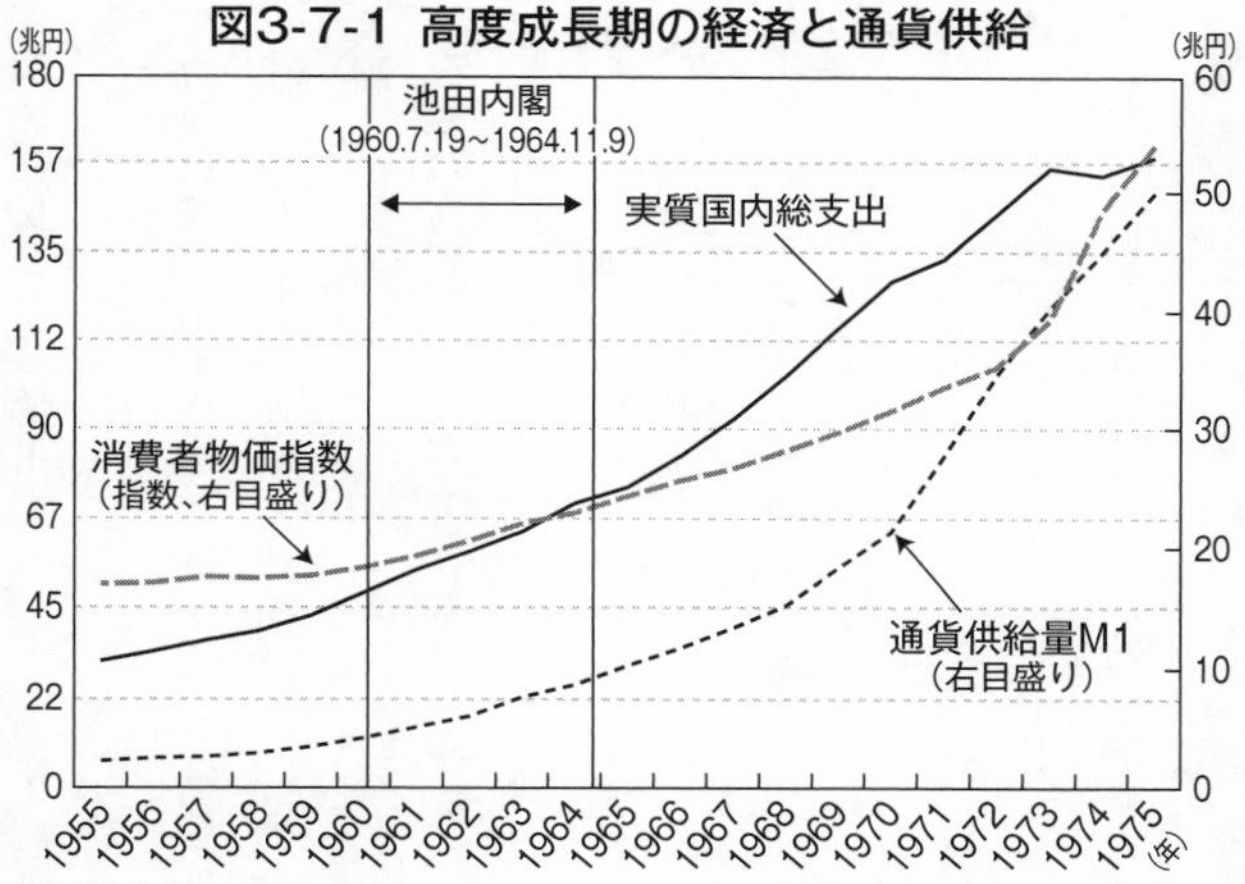

出所：内閣府「長期経済統計」https://www5.cao.go.jp/keizai3/2019/0207nk/n19_7_data00.html。経済企画庁「現代日本経済の展開」1976年。

ん、所得倍増計画で高度成長を成し遂げた人であるとの答えが返ってくるだろう。しかし、どうやって？　池田内閣時の経済と政策を振り返ってみたい。結論を先に述べれば、高度成長政策も高圧経済政策だったのである。

図３−７−１は、１９５５年から75年までの経済と通貨供給量（Ｍ１）を示したものである。60年から64年の池田内閣時代の５年間（１９５９〜64年）に、年平均で実質国内総生産（ＧＤＰ）は10・７％、名目ＧＤＰは12・８％、消費者物価は５・５％で増加した。

それ以前の１９５５年から59年までも実質ＧＤＰは年平均で、７・７％で伸びていたのだから、高度成長は池田内閣なしでも実現できたといえるかもしれない。しかし、成長率は加速し、高度成長は73年まで続いたのである。

物価はそれ以前の4年間（1955〜59年）では1％の上昇だった。あえていえばデフレ気味だった。池田内閣の時代には、年率5％の物価上昇の中で実質GDPが10・7％伸びた。

5％の物価上昇は高すぎると現在は思うだろうが、実質GDPが10・7％も伸びる中では大きな問題にはならなかった。それが72年まで続いた。ところが消費者物価上昇率は73年に11・7％、74年に23・2％となり、実質GDPの成長率も74年にはマイナス1・2％となって高度成長は終わった。

そうなった大きな理由はM1の伸びにある。図3-7-1に見るように、M1は物価とほぼ同じように伸びていたが、1971年以降伸びを早め、それが1、2年の遅れで急激なインフレをもたらした。もちろん、これには73年の石油ショックの要因も大きいが、このようなM1の急激な伸びがなければ、20％以上というインフレにはならなかっただろう。すなわち、池田内閣の経済政策は5％の暗黙のインフレ目標の下での最大限の実質成長だったのである。

図3-7-2 高度成長期の経済と財政

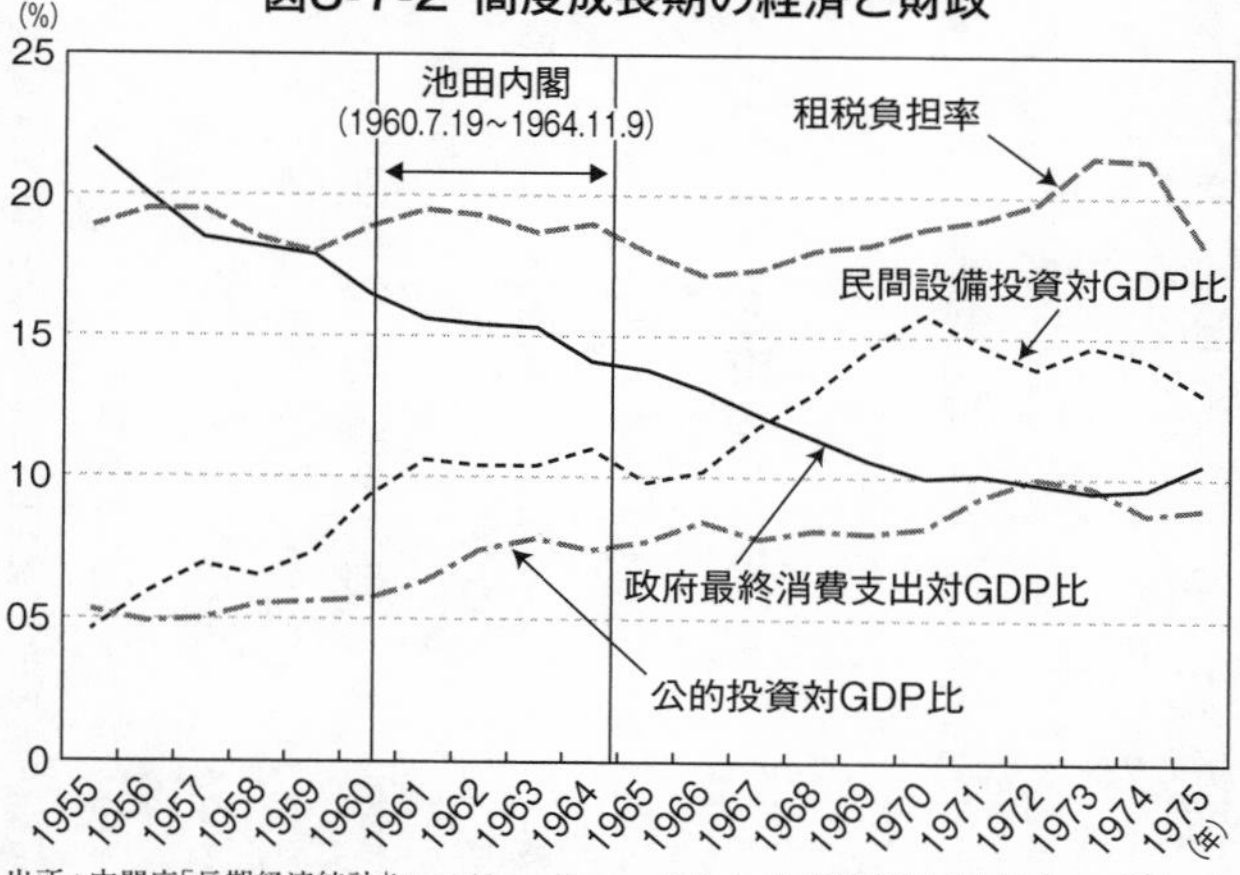

出所：内閣府「長期経済統計」https://www5.cao.go.jp/keizai3/2019/0207nk/n19_7_data00.html。
注：租税負担率は年度

高度成長期の財政政策

財政政策を見る前に、図3―7―2で民間設備投資の対GDP比を見ると、7%程度から10%以上に増加している。成長のエンジンが民間設備投資であることが分かる。

図では、公的資本投資の対GDP比も上昇している。新幹線や高速道路など民間経済を支える公共投資を行ったのだろう。

一方、政府最終消費対GDP比は低下している。政府最終消費とは、公務員の給料や政府の物品・サービスの購入である。政府投資になる建物や機械を除くので、役所の消耗品などである。政府消費の比率が減少しているのだから日本は小さな政府となっていた。

さらに注目すべきは、租税負担率がほぼ一定だったことである。当時の所得税の累進度はきつかったから、名目所得が上がれば税収は急増し、財政状況は改善しすぎて、財政黒字が積み上がってしまう。これを抑えるために減税を行っていたのである。第4章第2節で詳しく述べるが、大規模金融緩和以来、税収の対GDP比は上昇している。

岸田文雄首相が宏池会の創設者、池田首相を尊敬しているなら、減税は当然の選択である。

要するに、高度成長期の財政政策は、効率的な公共投資と減税が主であった。これと金融政策のもたらした安定的な経済環境の中で民間投資が伸びていたということである。

自由な企業と市場を目指す

また、分配状況も改善していた。一橋大学の森口千晶教授によると、相対的貧困率で見て日本の所得分配状況は戦後直後から80年代まで改善し、その後、徐々に悪化していったという（森口千晶「日本は『格差社会』になったのか――比較経済史にみる日本の所得格差」『経済研究』68巻2号、2017年）。高度成長期の分配状況は改善していたのである。

所得倍増計画とは何だったのか。所得倍増計画には「この計画においては、民間の経済主体が、……その創意と工夫により自主的活動を行う立場を尊重する。……民間企業は潜在エネルギーを最大限に発揮し、経済の成長発展に貢献すべきである。それが国民所得の増大と国民生活の向上をもたらすのである」とある。

所得倍増計画は、自由な企業と市場の下で日本経済は運営されるべきという方針を確認するとともに、その方針の下で、日本経済は発展する力があり、かつ発展できるという自信に満ちた宣言である。また、自由の中には、貿易自由化も含まれていた。貿易為替自由化計画大綱は岸信介内閣の末期に策定されたものだが、池田内閣時にさらにテンポを速めて実施された。そして経済は倍増計画の通りに動いた。つまりは、高度成長経済も高圧経済政策だったのである。

アベノミクスも所得倍増計画だった

こう考えると、アベノミクスも所得倍増計画であったともいえる。もちろん、倍増計画のような顕著な成果をもたらしたわけではないが、アベノミクス発足後コロナ以前までの7年間（2012～19年）の実質GDP成長率は年平均で1・1％、それ以前の7年間（2005～12年）は0・2％であるから、低い成長率ながらも改善したのである。

多くの人がなぜか無視しているが、財政状況も所得分配状況も改善した（財政状況については第4章第2節、所得分配の改善については本章第9節参照）。わずかであれ成長率が高まったので税収が増え、失業率が低下したことで所得がゼロの人が減少したからである。

現在行うべき所得倍増計画も、当時ほどの成果は期待できないが、過去の低成長率を多少は引き上げることができるだろう。それは、2％の物価目標の下での金融緩和政策、機動的で効率的な財政政策、規制緩和や自由な貿易政策で民間投資を喚起する成長戦略である。

第8節　誤解された「松方財政」——デフレの後は高圧経済だった

「物価は安定し、輸出は増大し、資本主義の展開は軌道に」

明治初期の松方財政は物価を2割近くも低下させるデフレ政策だったが、マルクス経済学者を含む多くの経済史家に高く評価されている。これに対して、故・中村隆英東大教授は異を唱えている。デフレ政策をどう評価するかは、現代の金融政策を巡る論点でもある。中村教授の説を確認しながら、松方財政を再評価したい。

マルクス経済学者の日本資本主義発達史によると、松方財政は次のように評価されている。

「西南戦争を契機にそれ「インフレーション」が激化するにおよんで、いたずらに投機的小企業の簇生《そうせい》を招き、政府が望むような資本家的企業の発達はかえって阻害されるようになった。そこで1881年以来松方正義は幣制《へいせい》の統一、兌換《だかん》制度の確立を目ざして幣制整理をおしすすめていくことになるのであるが、それとともに物価は安定し、輸出は増大し、資本主義の展開は軌道にのることになった。そして日本銀行が設立され、国立銀行が私立銀行に転化され、銀本位制が確立されることによって、貨幣制度・信用制度も整備された。だがその反面、この過程で農民層の分解は急激におしすすめられ、そのプロレタリア化が促進されることとなったのであった」(楫西光速、加藤俊彦、大島清、大内力『日本資本主義の成立Ⅱ』、271―272頁、東京大学出版会、1956年)。

マルクス経済学者が書いたものであるから、農民層が分解され、プロレタリア化が進んだことが指摘されているが、松方財政への評価は高いものがある。それ以前、多数の国立銀行が設立され、西南戦争の戦費のために紙幣が乱発されインフレとなっていたのだから、紙幣の統一、インフレの抑止は当然のことであったろう。しかし、インフレを抑えてデフレにするだけで、本来の投機的でない資本家的企業が生まれ、輸出が増大するものだろうか。

「手術は成功したが、患者は死んだ」

このような不況とデフレは経済の正常な過程なのだ、という考え方は、今日清算主義と言われるものである。清算主義とは、政府や中央銀行は不況下でも財政拡張や金融緩和をするべきではなく、不況に任せて経済のゆがみを清算すべきだ、という考えである。これによって経済の新陳代謝が進み、長期的にはより成長率が高まるという主張である。

松方財政について、故・中村隆英東大教授は「昔からの財政学の教科書には、松方という人は大変偉い人で、財政の指導者としてこんな立派な人はないと言わんばかりに書いてあります。ただ、私は今でも、それほど偉かったのかどうかわからないと思います。『手術は成功したが、患者は死んだ』という言葉があります。外科医が思い切って大手術をし、悪いところは取り切ったけれども、あまり強引にやったので、患者の方は体がもたなくなって死んだという意味です。松方財政はそういうところがあるような気がします。その意味では、松方は正直であったけれども、あれほど国内を不景気にしなくてもよかったのではないかとい

図3-8-1　卸売物価の推移（1986年から1900年）

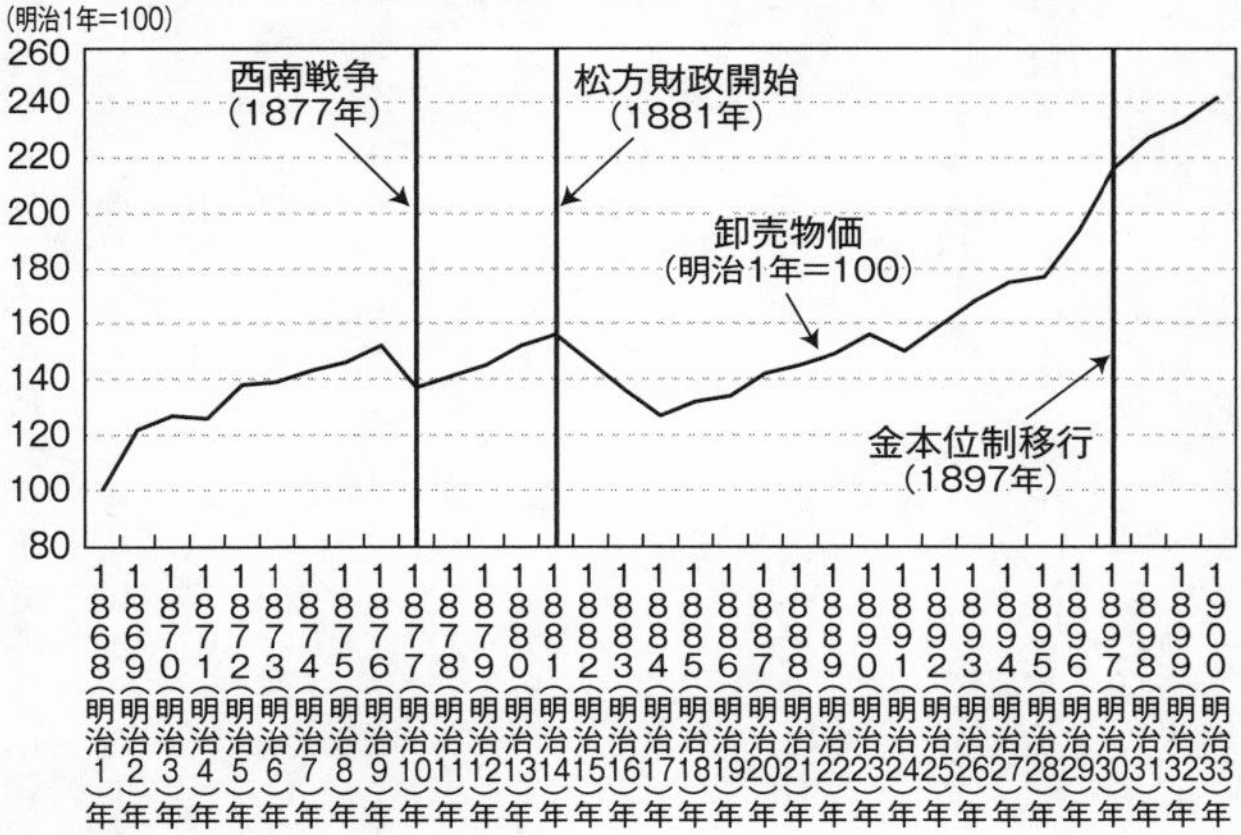

出所：日本銀行「本邦主要経済統計」
注：卸売物価指数は朝日新聞社作成のもの。

う気がしてなりません」と評している（中村隆英『明治大正史・上』３８５頁、東京大学出版会、２０１５年）。

以下、中村教授の分析によりつつ、松方財政期で、なぜ資本家的企業が生まれ、輸出が増大したのかを考えてみたい。

データに見る松方財政期の真実

まず、松方が蔵相となる前のインフレである。当時のインフレ率について確固たるデータは得られないが、日本銀行「本邦主要経済統計」によると図３-８-１のようになる。

西南戦争の始まった１８７７年から松方が蔵相になる１８８１年までの４年間で、卸売物価は13・８％上昇した。ところが、松方財政期の1881年から84年までの3年間では18・6%下落した。しかし、その後は図に見るように、西南戦争時と大差ないインフレが続いていた。

松方は1881年―85年大蔵卿、85年―92年蔵相、95年―1900年にも蔵相、また首相にもなっており、1881年から1900年にかけて日本の財政政策を担っていた。ところが、デフレの後はインフレだったのだから、松方財政とは、インフレを退治してデフレにしたあとはインフレ財政であったのである。

松方デフレのあとどうなったかというと、図3-8-2に見るように、低迷していた輸出が1886年から急拡大している。

また、図3-8-3に見るように、民間会社の設立ブームが起こった。ただし、松方以前にも会社設立のブームがあった。それが松方デフレによって減少し、1886年から再び伸びてきたということである。

清算主義者が主張するように、松方デフレで破綻した会社は不健全なものだが、その後の会社は健全で、だから輸出の伸長と資本主義勃興期とも言われる会社の設立ブームが起こり、日本資本主義の健全で強力な発展が始まったのだろうか。

図3-8-2 輸出輸入額

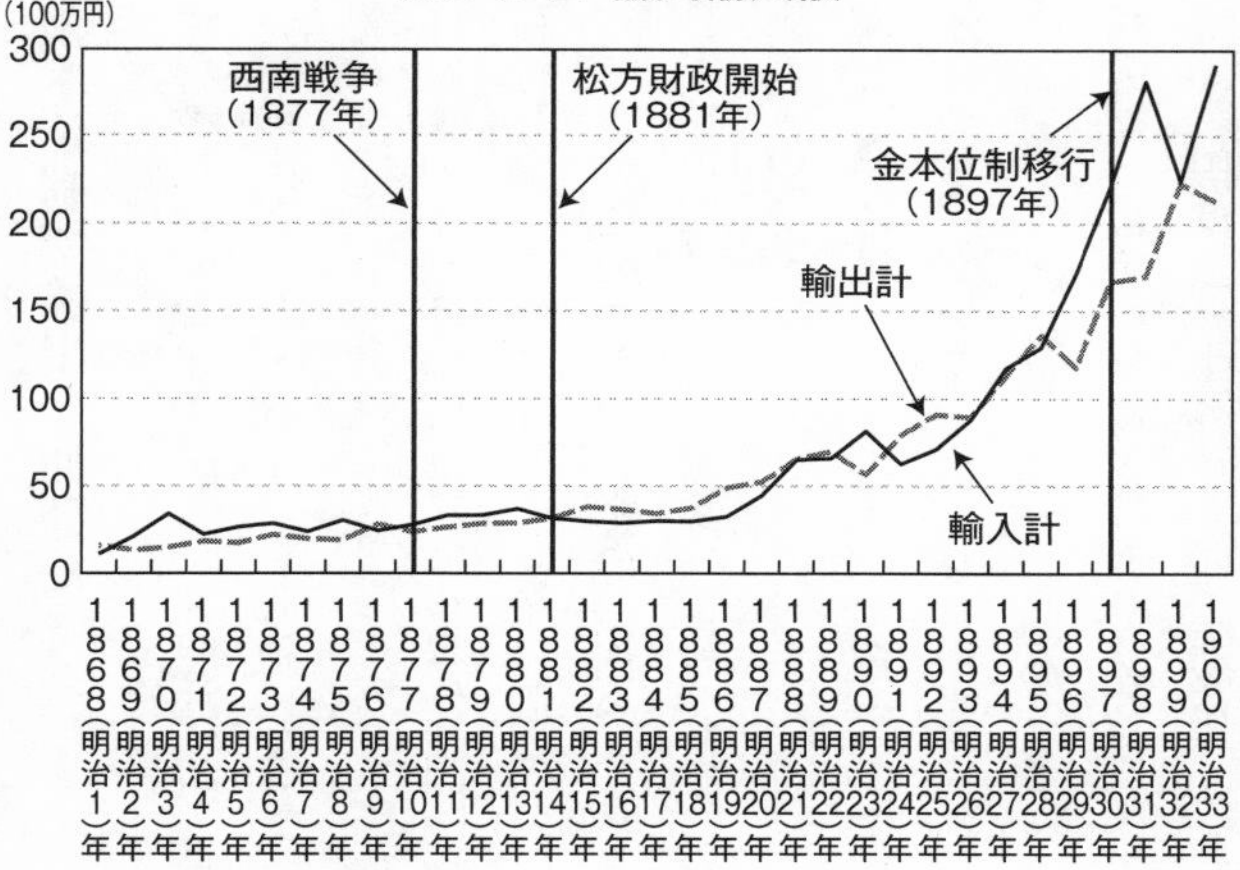

出所：日本銀行「本邦主要経済統計」

図3-8-3 会社設立件数（社数）とその資本金（100万円）

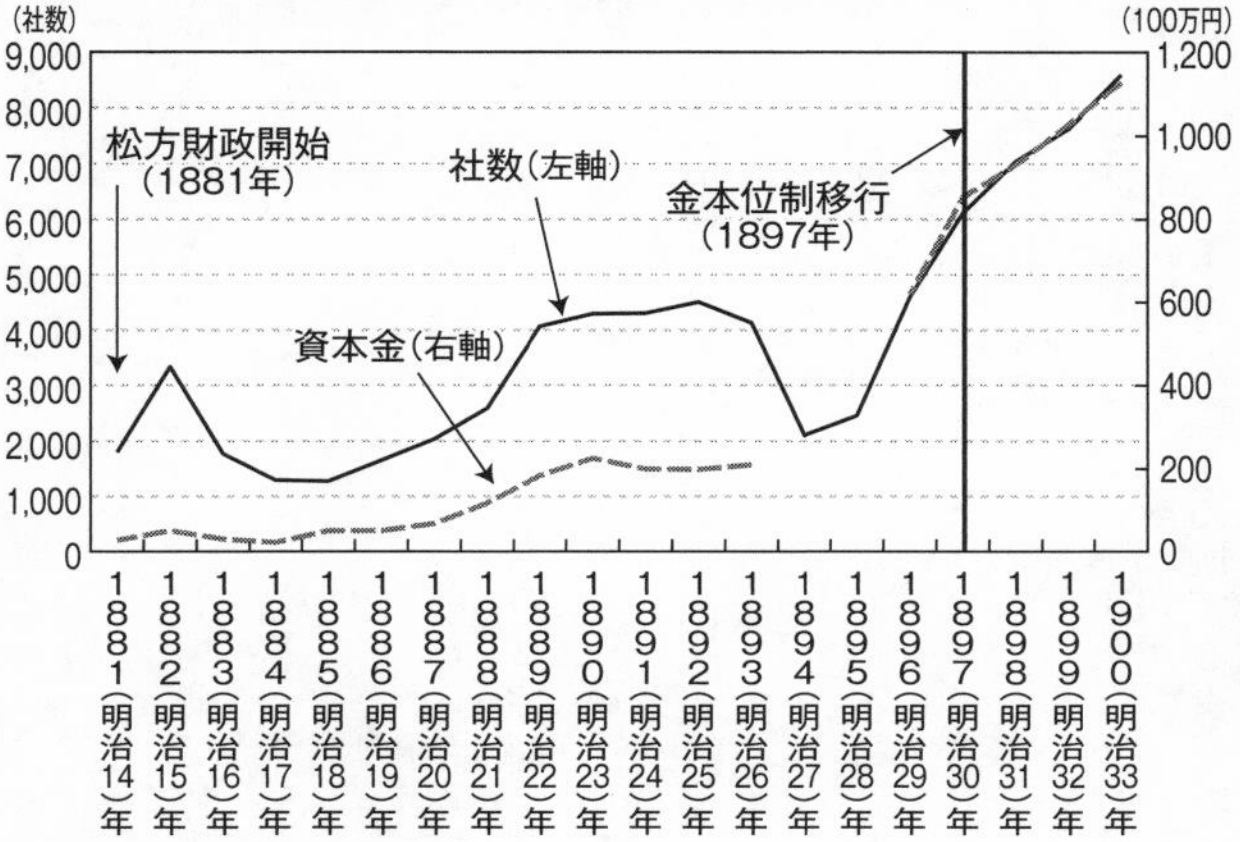

出所：日本銀行「本邦主要経済統計」
注：資本金の1894年、95年は欠損している。

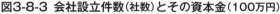

銀本位制で輸出が伸びた

中村教授は、輸出の伸長に注目する。図3‐8‐2で見たように、松方デフレ財政で停滞していた輸出が1886年から急速に伸びていく。中村教授は、これを日本の為替が下落したことによると指摘する。

日本は1885年に正式に銀本位制度を採用したが、欧米先進国はそれ以前から金本位制に移行していた。これにより金の価格が銀に比して上昇し、銀本位国の日本の為替レートは下落した。このことが日本の輸出の伸長を助けたというのである（中村隆英「第7章 19世紀末日本経済の成長と国際環境」、梅村又次・中村隆英編『松方財政と殖産興業政策』国際連合大学・東京大学出版会、1983年）。

図3‐8‐4は円レートを示したものであるが、1885年から円が下落していることが分かる（戦前期の円レートは100円当たりのドルで表していたので、数字が小さくなるのが円の下落）。すると、輸出の伸長は、円の下落によると考えたほうがよさそうである。

松方財政はデフレ政策であり、物価を下落させたのであるから、今日の自由変動相場制の下では、円は上昇すべきものである。それが下落したのは、中村教授の指摘するように、先

図3-8-4 為替レート（100円当たりドル）の推移

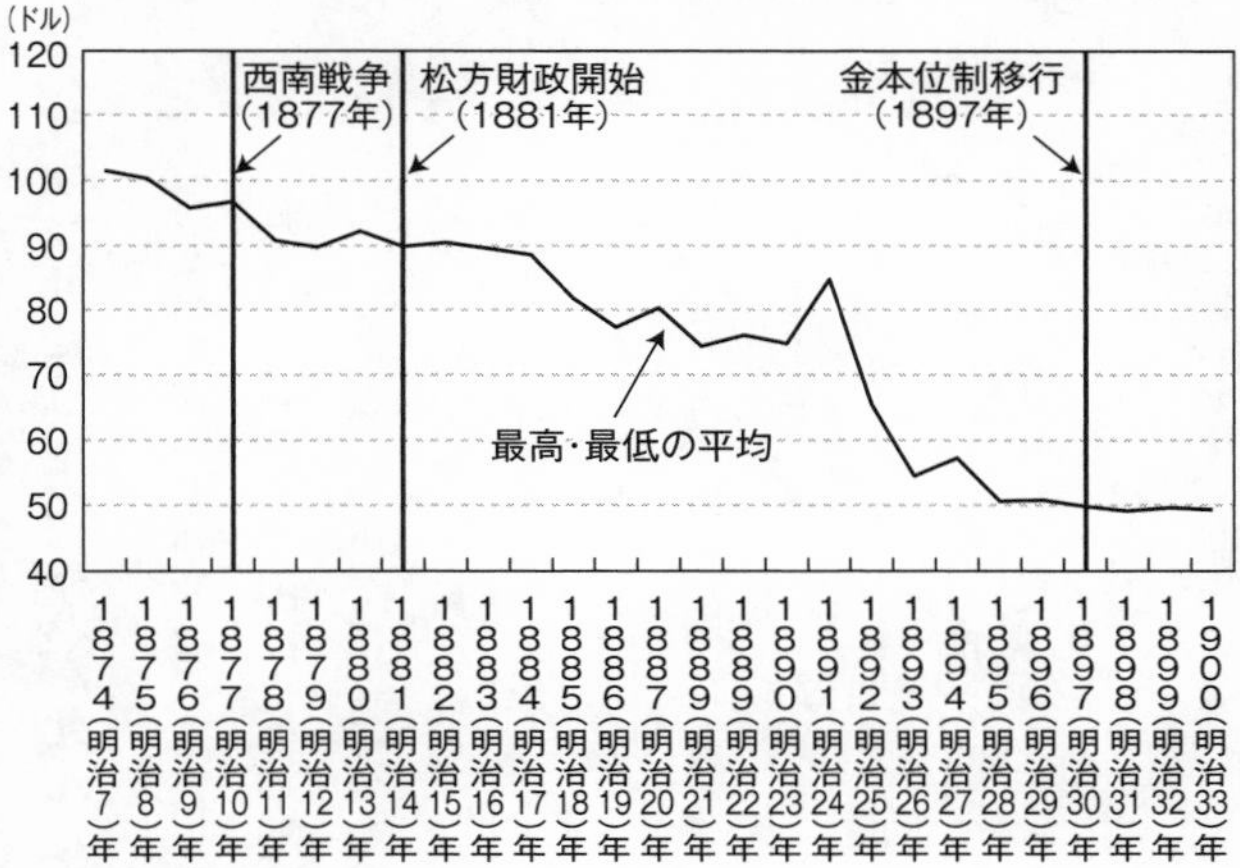

出所：日本銀行「本邦主要経済統計」

進国が金本位制を採用し、当時の日本が銀本位制を採用したからだ（日本は、日清戦争の勝利で清国から得た賠償金によって1897年に金本位制に移行する）。

結果としての円安政策は、デフレ政策ではなくてむしろインフレ政策である。1985年から物価は上昇し、それに応じて輸出も会社設立件数も増加している。

あまりにひどいインフレは止めなくてはならないし、複数の銀行が紙幣を発行するという制度も好ましくはない。しかし、松方デフレが企業を勃興させたという主張には根拠がない。

松方デフレ期には本当に人が死んだ

また、弘前大学の安中進助教は、松方デフレ期に経済的困難による自殺が極めて多かったことを指摘している。その要因は税の不納である。明治の地租改正で、税は円で決められることになった。この税制の下では、デフレは実質的な増税である。増税により税の不納が起こり、追い詰められた人々は自殺に追い込まれたという（安中進『貧困の計量政治経済史』第2章、岩波書店、2023年）。

中村教授は、比喩として「手術は成功したが、患者は死んだ」と書いているが、松方デフレ期には、文字通り人が死んだのである。

ただし、デフレの後のインフレ政策は、人々に歓迎されていたのかもしれない。それによって松方は前述のように、1881年から1900年までの財政政策を担うことができたのだろう。また松方は艶福家《えんぷくか》で、明治天皇に「お前に何人子供がおるか」と聞かれて、「いずれ帰宅、調査の上、報告申し上げます」と答えたとのエピソードがある。調査の結果は、早世した次男も含めて15男11女の26子であったという。芸者とか待合とかが好きだったのだから、清算主義は似合わず、景気のよいことが好きな人だったのではないか。つまり、松方財政とは、一時的なデフレの後は、高圧経済だったのである。

第9節　成長は格差を縮小させる

格差拡大の理由は高齢化

ここまで、成長や景気拡大について書いてきた。これに対し、分配や格差についても考えなくてよいのかという議論があるだろう。ところが、本章第7節の高度成長でも述べたように、成長や景気拡大によって格差も縮小することが多い。

図3-9-1は、格差の指標としてよく使われる相対的貧困率とジニ係数を示したものだ。どちらも値が大きくなると格差が拡大していることを示す。相対的貧困率は、貧しい人が多いと値が大きくなる指標、ジニ係数は、全般的な所得分配の状況を表す指標である（貧しい人が増えても豊かな人がさらに豊かになっても大きくなる）。２００９年までどちらの係数も上昇していたが、２０１４年、２０１９年と格差が縮小している。

図3-9-1　相対的貧困率とジニ係数

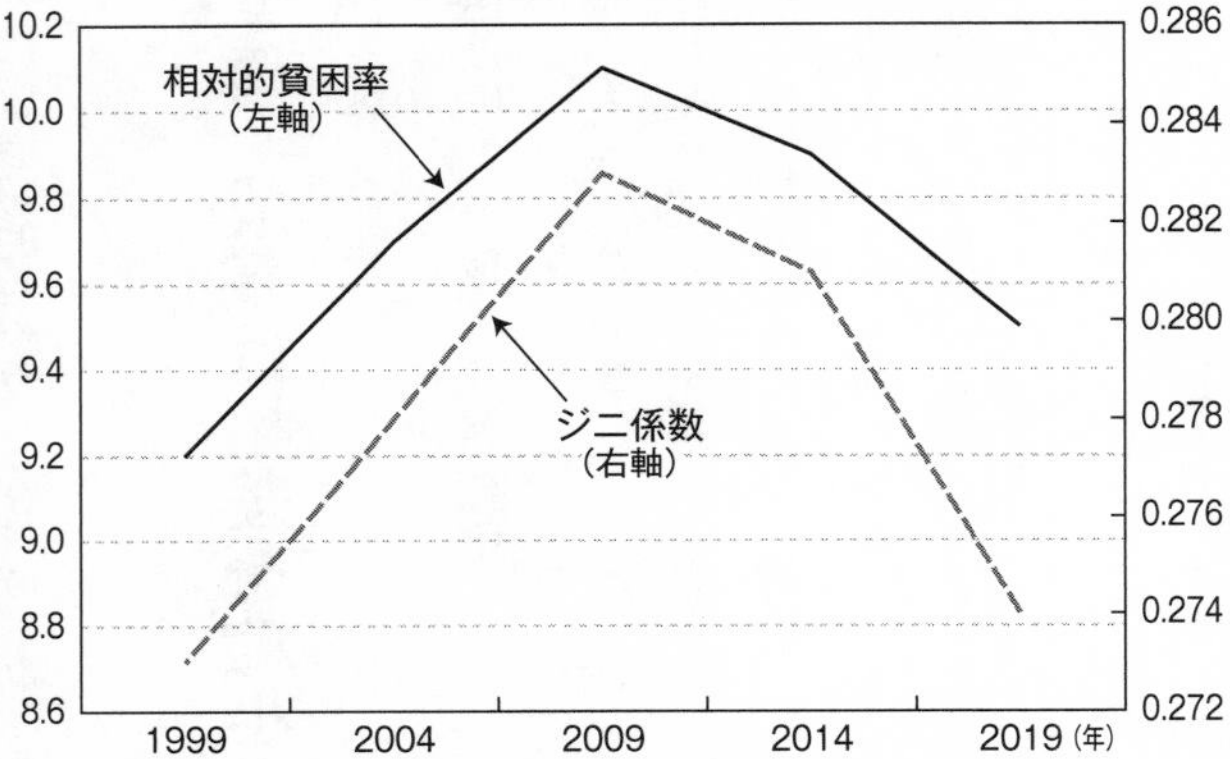

出所：総務省統計局「2019年全国家計構造調査 年間収入・資産分布等に関する結果 結果の要約」令和3年8月31日
注：いずれも等価可処分所得に関する値

実は、格差には大阪大学の大竹文雄教授が指摘するように１９７０年代末、または80年代初から拡大のトレンドがある。この理由は高齢化である（『日本の不平等：格差社会の幻想と未来』表1－1、第1章第8節、日本経済新聞出版、２００５年）。

学校を卒業して働き始めた頃は、給料の格差は小さい。それが年齢とともに拡大して、格差も大きくなる。高齢化は２０１０年代でも続いていたのだから、このトレンドの中で格差が縮小したのは大きなことである。

なぜ縮小したかといえば、失業率が低下したからである。失業者は所得のない人だから、失業が減って所得ゼロの人の所得がプラスになれば所得分配が改善するのは当然である。本章第7節で述べたように、高度成長期に所得分配が改善したのも、農村の貧しい人々が都会でより高い所得の職に就けたからである。

これに対して、フローの所得なら縮小しているかもしれないが、資産格差は拡大しているのではないか、という批判があるかもしれない。たしかに、株や不動産についてはその通りだが、だからといって株価や地価を下げればよい、ということにはならない。むしろ、資産価格の上昇で増加する税収を所得の低い人のために使えばよいのではないか。

結語――自由な市場にいる産業を残すべき

成長戦略といっても、何をしたらよいのか誰も分からないのだから、まずは高圧経済を試みることである。高圧経済が無益だという経済学者もいるが、少なくとも日本の場合は有効である。なぜなら、高圧経済のもたらした人手不足経済の下でこそ、生産性が上昇しているからである。

また、成長戦略ではなく規制緩和こそが重要だが、人余り状態では規制緩和などできないからである。ライドシェアの議論一つとっても、運転手の人手不足だからこそ、これが議論できるようになったということだ。

どの産業を残すかといえば、自由な市場にある産業を残すべきである。規制産業の所得が高いとすれば、それは他の人の所得を犠牲にしているだけである。製造業は、比較的自由な市場におり、その所得は相対的に高い。

円安が日本を貧しくするという議論もあるが、世界各国の実情を見れば誤りである。リーマン・ショックの後、日本は超円高、韓国は超ウォン安を経験したが、その後、順調に発展したのは韓国である。イギリスの通貨下落は、むしろイギリスにとって僥倖《ぎょうこう》だった。ポンド下落後、イギリス経済は長期の繁栄を達成した。

第4章

財政赤字と経済成長

第1節　財政赤字と経済成長は関係があるのか

ラインハート＝ロゴフ論文の誤り

財政赤字は経済成長を妨げる、と財政当局と財政学者は盛んに唱えているが、残念ながらそのような証拠はあまりないようだ。そう主張する人々にとって、ハーバード大学のカーメン・ラインハート教授とケネス・ロゴフ教授の２０１１年の論文は、希望を与えるものだったろう（Carmen M. Reinhart and Kenneth S. Rogoff, "From Financial Crash to Debt Crisis," *The American Economic Review,* August 2011）。

両氏は、政府債務が対ＧＤＰ比で90％を超えていた国の平均成長率はマイナス０・１％になった、と主張していた。日本の政府粗債務の対ＧＤＰ比は、２０１１年で２１９％だったから、これは日本の成長率が低下したことの大きな理由のように思えた。

しかしすぐに、この論文はデータに誤りがあると判明した。両教授は誤りを認めたうえで、債務が大きくなれば成長率が低下するという主要なメッセージは変わらない、とした。後述するように両教授の主張は正しいかもしれないが、劇的に成長率が下がるということではなくなった（この顚末は「『国家は破綻する』著者らが誤り認める、米研究者らの指摘受け」ロイター、２０１３年4月18日参照）。

さらに、元ＩＭＦのチーフエコノミスト、ピーターソン国際経済研究所のシニア・フェローのオリヴィエ・ブランシャール氏は、金利が低い状況で民間需要が弱い時には、生産水準を維持できるように財政政策を用いるべきだ、と述べている（オリヴィエ・ブランシャール『21世紀の財政政策』２４４頁、日本経済新聞出版、２０２３年）。すなわち、現在の状況では、政府債務は大きな問題ではない、と言っている。

政府債務はどれだけ成長率を下げるのか

図４‐１‐１はＯＥＣＤ諸国のデータにより、政府の粗債務残高対ＧＤＰ比と実質ＧＤＰ成長率の関係を示したものである。

ただし、この2つの数字をただ比べることには大きな問題がある。豊かな国ほど成長率が低くなるという関係があるからだ。豊かになると成長率が低下するのは、貧しい国は先進国

図4-1-1　政府粗債務対GDP比と実質GDPの成長率

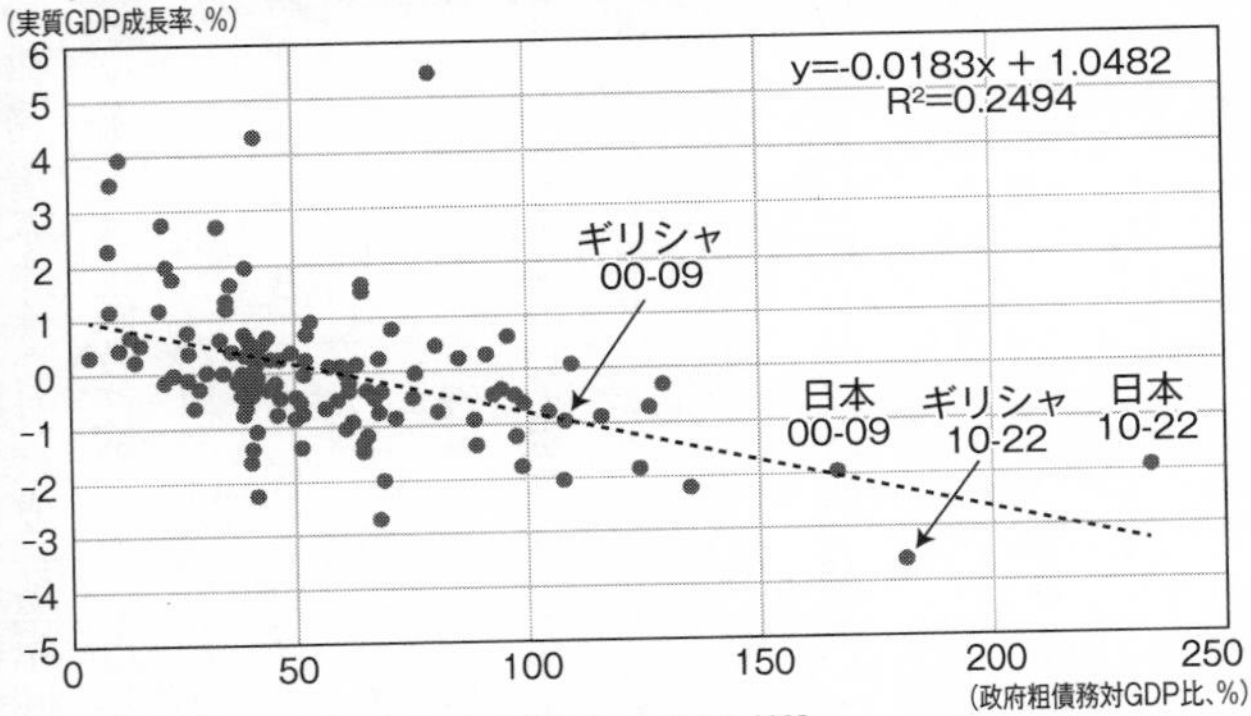

出所：IMF, World Economic Outlook Database, April 2023
注：実質GDPの成長率は、1980-90、90-2000、00-10、10-22年の年率。政府支出対GDPなどの比率は1980－89、90－99、2000-09、10-22年の算術平均。データが欠けている場合は、1985－90年の年率などを採用した。実質GDP成長率は、実質GDP成長率＝3.5726-0.000029×期首の1人当たり実質購買力平価GDP（2017年価格）の式によって修正した。実質GDP成長率の絶対的な数字に意味はなくなっている。

との間に技術や制度などの差があって、この差を埋めていく過程で高い成長ができるが（キャッチアップ型成長）、先進国との差が小さくなればその余地が小さくなり、成長率は低下せざるをえないからだ。

ＯＥＣＤ諸国の中で1人当たりの所得が低かった国、たとえば韓国では、10年間の実質ＧＤＰの平均成長率が、１９８０年代では１０・０％、90年代では７・１％、２０００—10年では４・７％、２０１０—22年では２・７％と安定的に低下している。なお、日本は70年代と90年代に、一挙に成長率が低下している。

貧しい国ほど成長率が高い傾向があることが、政府債務、政府赤字、政府の規模と成長率との関係を歪める可能性がある。そこで、成長率を期首の所得で調整したうえで（所得の高い国の成長率を相対的に高く、所得の低い国の成長率を相対的に低くするように修正。具体的には図の注を参照）、粗債務残高対GDP比と実質GDP成長率の関係を示している（以下のすべてのグラフで、実質GDPの成長率は修正したものを用いている。修正の結果、縦軸の数字の絶対的な意味はなくなっている）。

なお、粗債務ではなく純債務（債務から政府保有の金融資産を差し引いたもの）を用いるべきだと私は考えているが、純債務ではデータのない国が多いので、粗債務を用いた。いずれも、1980年から2022年までのほぼ10年ごとの平均をとったデータである。すべてのデータがそろう国では、4つのデータとなる。データ作成の方法について詳しくは図の注を参照されたい。

豊かになったから政府債務残高が増えたのかも

図4-1-1を見ると、政府粗債務の対GDP比が高くなるほど成長率が低下するように見える。図の傾向線の式から、政府粗債務の対GDP比が10％上昇すると、成長率が0・18％低下することになる。ただし、関係の強さを示す決定係数（変数の動きを完全に説明できてい

れば1、まったく説明できていなければ0となる指標）は0・25でしかないので、あまり当てにはならない。

また、日本の場合、政府粗債務の対GDP比が2000—09年から2010—22年にかけて68％ポイント上昇したが、成長率は低下していない。

さらに、債務の増加が低成長をもたらしたのか、低成長だから税収が上がらず、債務が増加したのかは分からない。ギリシャの政府粗債務対GDP比が、2000—09年から2010—22年にかけて73％ポイント上昇して、成長率が1・8％からマイナス1・0％に低下したが、私は、低成長だから債務が増加したのだと思う。あるいは、無理やりに財政再建を行ったから成長率が低下したのだろう（本章第5節参照）。

加えて、豊かになると前述のようにキャッチアップ型成長の制約で成長率が低下し、また同時に、豊かになると福祉国家になって政府支出の対GDP比が上昇する、という因果関係を考えることができる。この時、増税ができなければ財政赤字が増大し、政府債務残高も増加する。すなわち、政府債務残高が増えたから成長率が低下したのではなく、豊かになったから政府債務残高が増えたと考えることもできる。

図4-1-2 政府赤字対GDP比と実質GDPの成長率

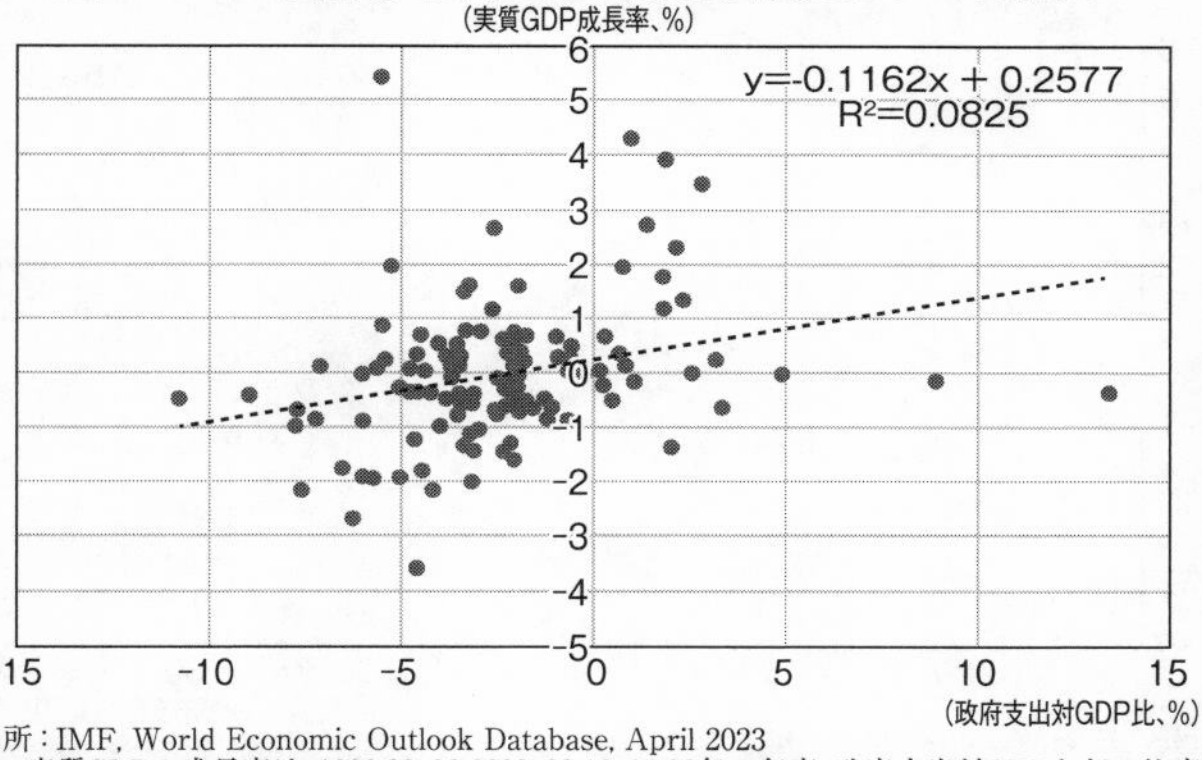

出所：IMF, World Economic Outlook Database, April 2023
注：実質GDPの成長率は、1980-90、90-2000、00-10、10-22年の年率。政府支出対GDPなどの比率は1980－89、90－99、2000-09、10-22年の算術平均。データが欠けている場合は、1985－90年の年率などを採用した。実質GDP成長率は、実質GDP成長率＝3.5726-0.000029×期首の1人当たり実質購買力平価GDP（2017年価格）の式によって修正した。実質GDP成長率の絶対的な数字に意味はなくなっている。

財政赤字より政府支出の対ＧＤＰ比が大事

財政学者は、政府債務残高もだが、財政赤字そのものに、より関心が高いようであるので、財政赤字の対ＧＤＰ比と実質ＧＤＰの成長率との関係を見ると、図４−１−２のようになる。

これを見ると、政府赤字の対ＧＤＰ比が10％減少すると（黒字が10％増加すると）、成長率が１・２％上昇することになる。ただし、決定係数は０・０８にすぎないので、まったく当てにはならない。また、ここでも、赤字が減ったから成長したのか、成長したから赤字が減ったのかは分からない。

図4-1-3 政府支出対GDP比と実質GDPの成長率

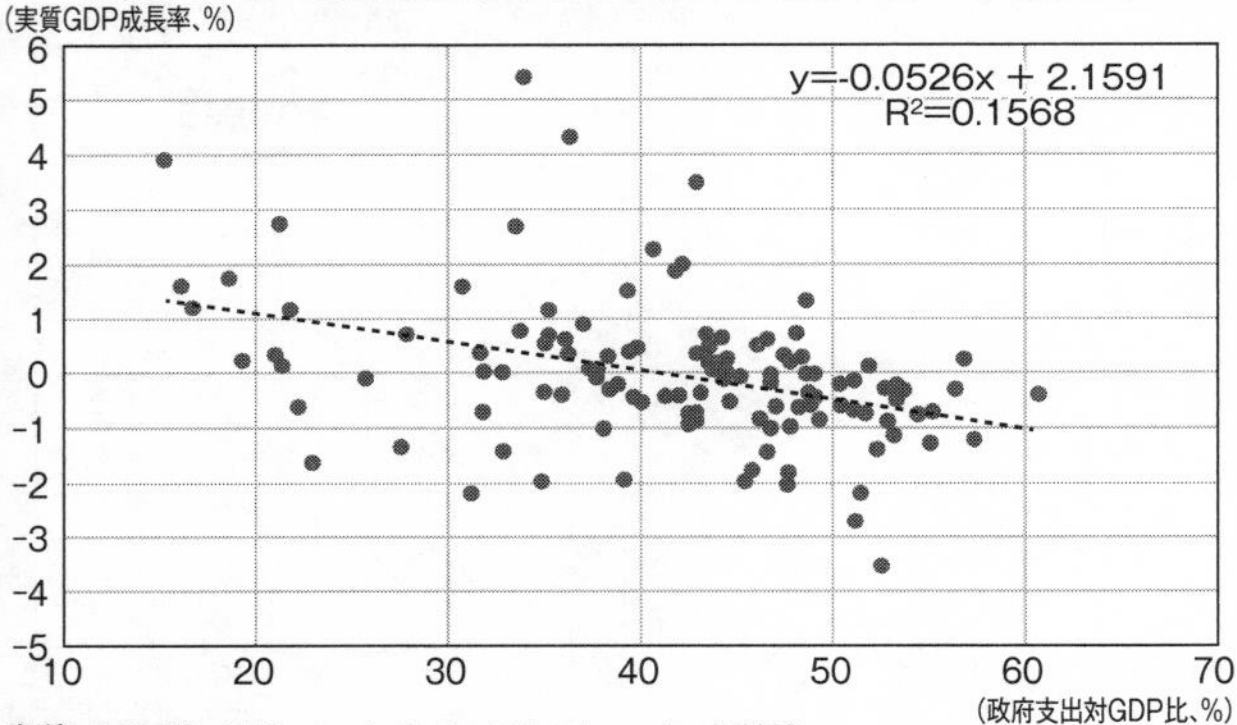

出所：IMF, World Economic Outlook Database, April 2023
注：実質GDPの成長率は、1980-90、90-2000、00-10、10-22年の年率。政府支出対GDPなどの比率は1980－89、90－99、2000-09、10-22年の算術平均。データが欠けている場合は、1985－90年の年率などを採用した。実質GDP成長率は、実質GDP成長率＝3.5726-0.000029×期首の1人当たり実質購買力平価GDP（2017年価格）の式によって修正した。実質GDP成長率の絶対的な数字に意味はなくなっている。

なぜか現在、政府債務残高、あるいは財政赤字に焦点が当たっているが、１９９０年代までは、政府支出の対ＧＤＰ比と実質ＧＤＰの成長率との関係に焦点が当たっていた。たとえば、日本銀行の２０００年の論文に、日本において「財政再建や財政構造改革を進める際、「国民負担が高まると経済の活力が失われる」ことが理由の一つに挙げられ、「国民負担率を50％以内に抑える」ことが目標とされてきた」とある（古川尚史、高川泉、植村修一「国民負担率と経済成長―ＯＥＣＤ諸国のパネル・データを用いた実証分析」日本銀行Working Paper 00-6、２０００年2月）。

図４―１―３は、実質ＧＤＰ成長率と政府支出の対ＧＤＰ比の関係を見たものである。図

から、政府支出の対ＧＤＰ比が上昇するとともに、成長率が低下することが分かる。図の傾向線の式によれば、政府支出の対ＧＤＰ比が10％上昇すれば、実質ＧＤＰの成長率は０・５％低下することになる。ここで決定係数は０・16なので、それほど当てにはならない。

なぜ、政府支出の規模ではなくて、財政赤字、あるいはその累積の政府債務残高がより注目されるようになったかといえば、財政当局および財政学者が政府支出を制限することを諦めてしまったからだろう。政府支出を減らすことは難しいので、それよりも税金を取ったほうが楽だと考え始めたからだろう。しかし、税金を取ることも難しいので、財政赤字は拡大してしまった。

もちろん、これも政府支出の対ＧＤＰ比が上昇したから成長率が低下したと言えるかどうかは分からない。しかし、成長率が低下したから政府支出の対ＧＤＰ比が上昇したという逆の因果関係を考えることは難しい。成長率の低下が税収の減少をもたらすというのとは異なって、直接的な関係がないからだ。

また前述のように、豊かになって福祉国家になり、政府支出の対ＧＤＰ比が上昇すれば、政府支出の対ＧＤＰ比の上昇と成長率の低下が同時に起きることになる。ただし、この場合、政府支出の拡大が成長率を引き下げたのではなく、豊かさが政府支出の拡大と成長率の低下をもたらしたのである。

データを入れ替えて分析を確認する

以上の分析の正しさを確認するために、①実質GDPの成長率を修正しないで同じ分析を行った。また、図はすべてのOECD加盟国のデータを用いたが、必ずしも所得の高い国ばかりではない。

そこで、②2000年に1人当たり購買力平価GDPが2万ドル（2017年価格）以下の国を除外して同じ分析を行った。③さらに、図4-1-1に見たように、成長率と政府債務などの関係が、2000年以降の日本とギリシャによって生まれているように見えるので、これらのデータを除外して同じ分析を行った。

①と②では、係数の値や決定係数などに多少の変化はあったが、主要な結果は変わらなかった。ただし、③では、係数の値がいずれも小さくなった。政府粗債務と成長率の関係では、政府粗債務の対GDP比が100％上昇しても成長率は0・02％しか低下しないという結果になった。これは、政府債務が増えても成長率は低下しないと解釈すべき数字だろう。

政府赤字より政府支出に注目すべき

財政赤字は経済成長を妨げるという議論があるが、それを支える根拠はあまりないようだ。理論的には、成長率が低下したから赤字が増えたのか、赤字が増えたから成長率が低下したのか、分からないからだ。また金利が低いのであれば、あまり財政赤字を気にしなくてもよい、という議論もある。

私は、政府支出と政府収入の差の財政赤字や、その累積の債務残高よりも、政府の大きさそのものに焦点を当てるべきだと思う。なぜなら、財政赤字より政府支出に注目すれば、政府がどのように賢く支出すべきかをもっと議論できるからだ。

これは、中国の「債務の罠」についても当てはまる。債務の罠とは、中国に借金をして巨大な港を作ったら、船が来ないので借金が返せなくなり、実質的に中国に港の所有権を渡す羽目になったなどの事例である（スリランカの事例が有名であるが、これについては「スリランカ、一族支配に幕　大統領国外逃亡で非常事態宣言『中国との蜜月』暗転　政情不安、飛び火も」『日本経済新聞』２０２２年7月14日参照）。

港に船が来れば、寄港料などを取れて借金は返済できる。無謀な借金をしたことも悪いが、借金をして無益なものを作ったことがなお悪いのではないか。つまり、政府支出にこそ注目すべきということである。

第2節　日本の財政は本当に危機的なのか？

「ワニの口」は存在するのか

日本の財政状況は危機的といわれており、このままでは、財政は破綻するといわれている。国債の償還ができない、ハイパーインフレになる、金利が暴騰する、円が暴落するなどの危機が起きるというのだ。ところが、現在までのところ何も起きていない。

まず、何も起きないのはなぜかという理屈ではなくて、そもそも財政が危機的状況という認識についての疑問を述べたい。

財政の危機的状況を表す言葉として「ワニの口」という表現がある。たとえば、財務省のホームページ内「日本の財政を考える」では「これまで、歳出は一貫して伸び続ける一方、

図4-2-1　一般会計での歳出と税収の推移

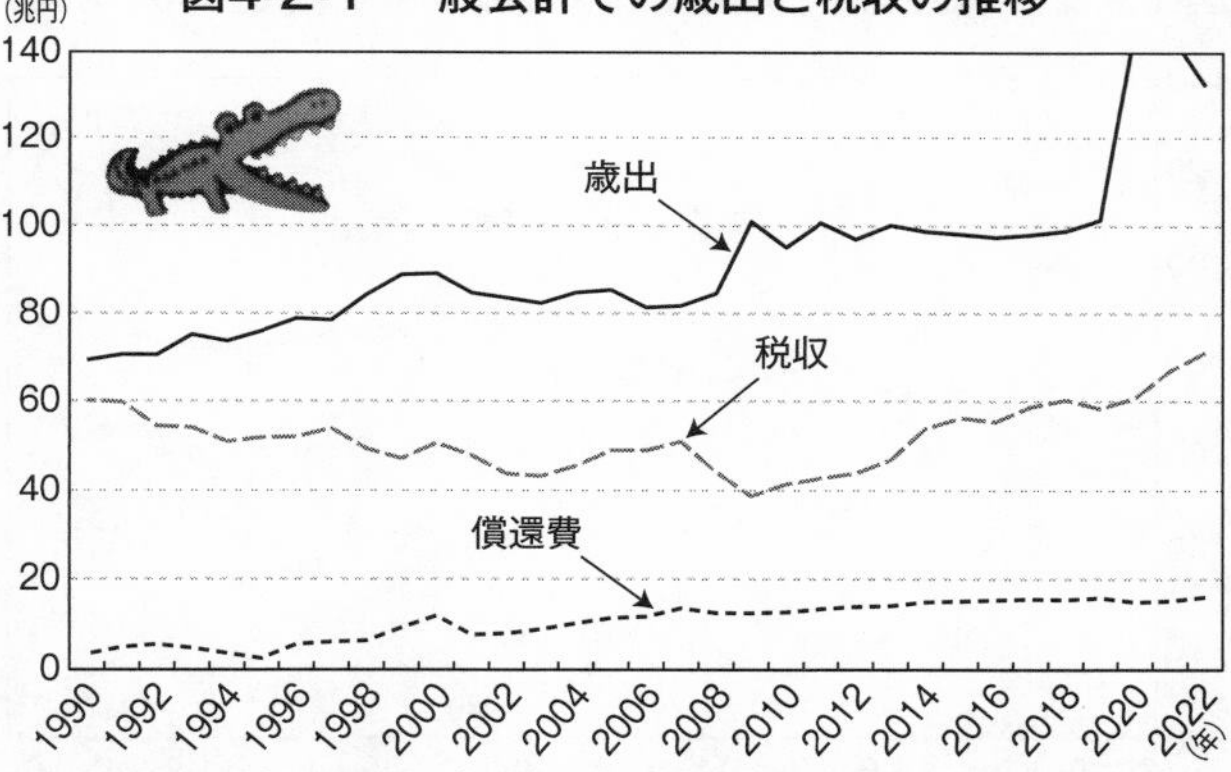

出所：財務省主計局「我が国の財政事情」(2021年12月)。「日本の財政関係資料」(2023年10月)
注：1. 償還費は国債費から利払費を差し引いたもの
2. グラフの動きが見えにくくなるので、縦軸の最大値を140兆円としている。2021年度の歳出は144.6兆円。
3. ワニのイラストは財務省HPから引用

税収はバブル経済が崩壊した１９９０年度を境に伸び悩み、その差はワニの口のように開いてしまいました。」との記述がされており、ワニの口のグラフには、口を開いたワニのイラストも示されている（トップページ＞「日本の財政を考える」＞「5 どのくらい借金に依存してきたのか」）。

ワニの口のグラフは、図4-2-1のようになる。しかし、これはワニの口に見えない。なぜならワニの口とは、端に向かうに従って一方的に拡大していくものだからだ。

歳出と税収の差が本当に「ワニの口」の形をしていたのは、１９９０年度から99年度まででであり、その後ワニの口は閉じ気味になっていった。２００８年のリーマン・ショック

図4-2-2 一般会計での歳出（債務償還費を除く）と税収の推移

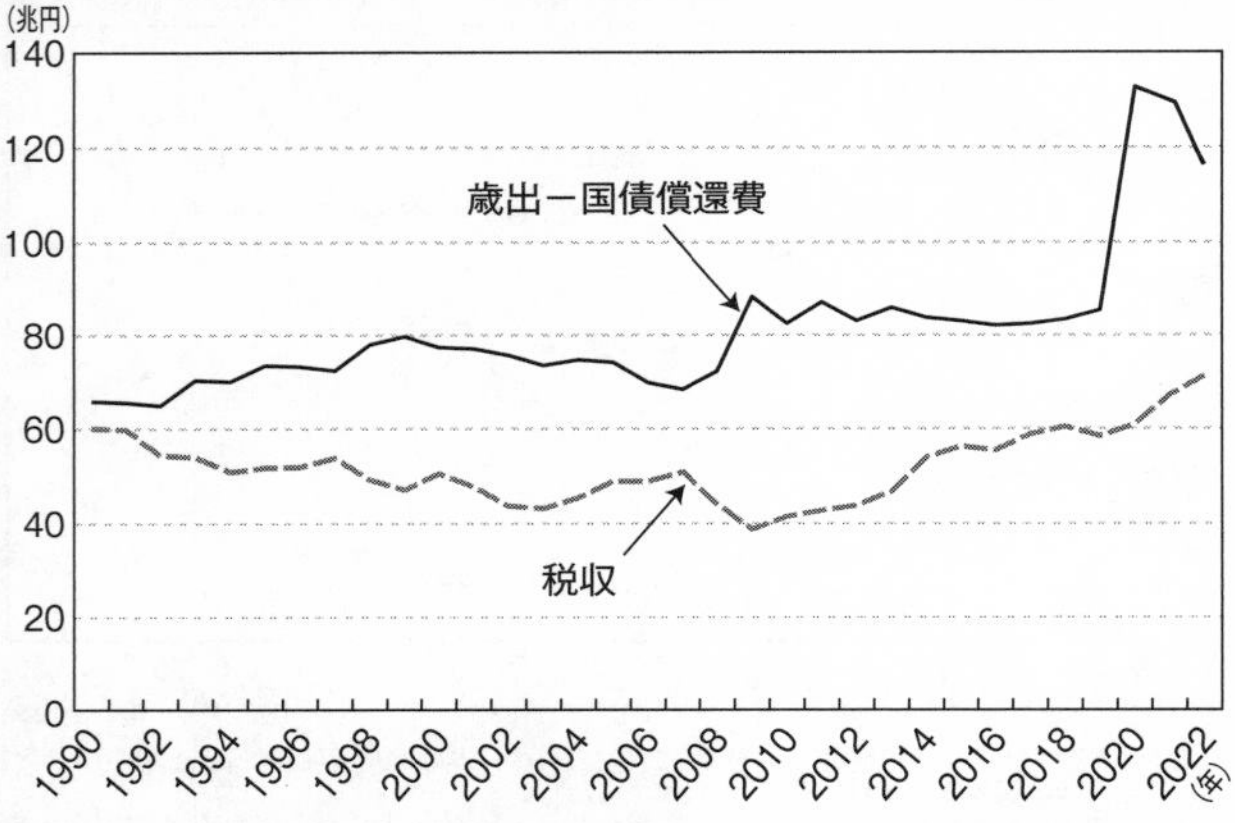

出所：財務省主計局「我が国の財政事情」(2021年12月)。「日本の財政関係資料」(2023年10月)
注：償還費は国債費から利払費を差し引いたもの

時には再びワニの口となったが、その後も閉じ気味になった。20年度以降、現在までのコロナショック時では再び開いているが、拡大し続けているというわけではない。すなわち、2000年度以降の歳出と税収の差は、何かショックがあるときには極端に開くが、その後は閉じ気味になる、という動きをしている。

グラフのトリック

さらに、図4−2−1のグラフにはトリックがある。歳出に「国債償還費」が入っているからだ。国債償還費を歳出に入れるのはおかしい。

会計を勉強したことのある人は、支出−収

入＝借金の増減（プラスが借金の増加）とならなければおかしいと思うだろう。会計を学んだことのない人も、常識で、収入よりも多く使ってしまった額が債務の増で、借金を返したら債務が減るのだから債務償還費を支出に入れるのはおかしいと思ってくれるだろう。あるいは、直感的に、住宅ローンの繰り上げ償還をしたら家計の財務状況が悪化すると考えるのはおかしいと思うだろう。だから、債務状況を考えるときに債務償還費を入れるべきではない。

図4-2-2は、支出から国債償還費を除いたものである。これを見ると、1999年度以降とリーマン・ショック以降、ワニの口はずいぶんと閉じていることが分かる。

借金は自分の所得と比べるべき

さらに、借金は自分の所得と比べるべきである。年収500万円の人の500万円の借金と年収1000万円の人の500万円の借金は意味が異なる。だから、国の借金は、国全体の所得、GDPで割るべきである。それを踏まえて作成したのが図4-2-3である。

この図では、ワニの口はさらに閉じている。わずかながらも分母が大きくなっているので、財政赤字は実質的にはさらに縮小している。

図4-2-3 一般会計での歳出（債務償還費を除く）と歳入の推移（対GDP比）

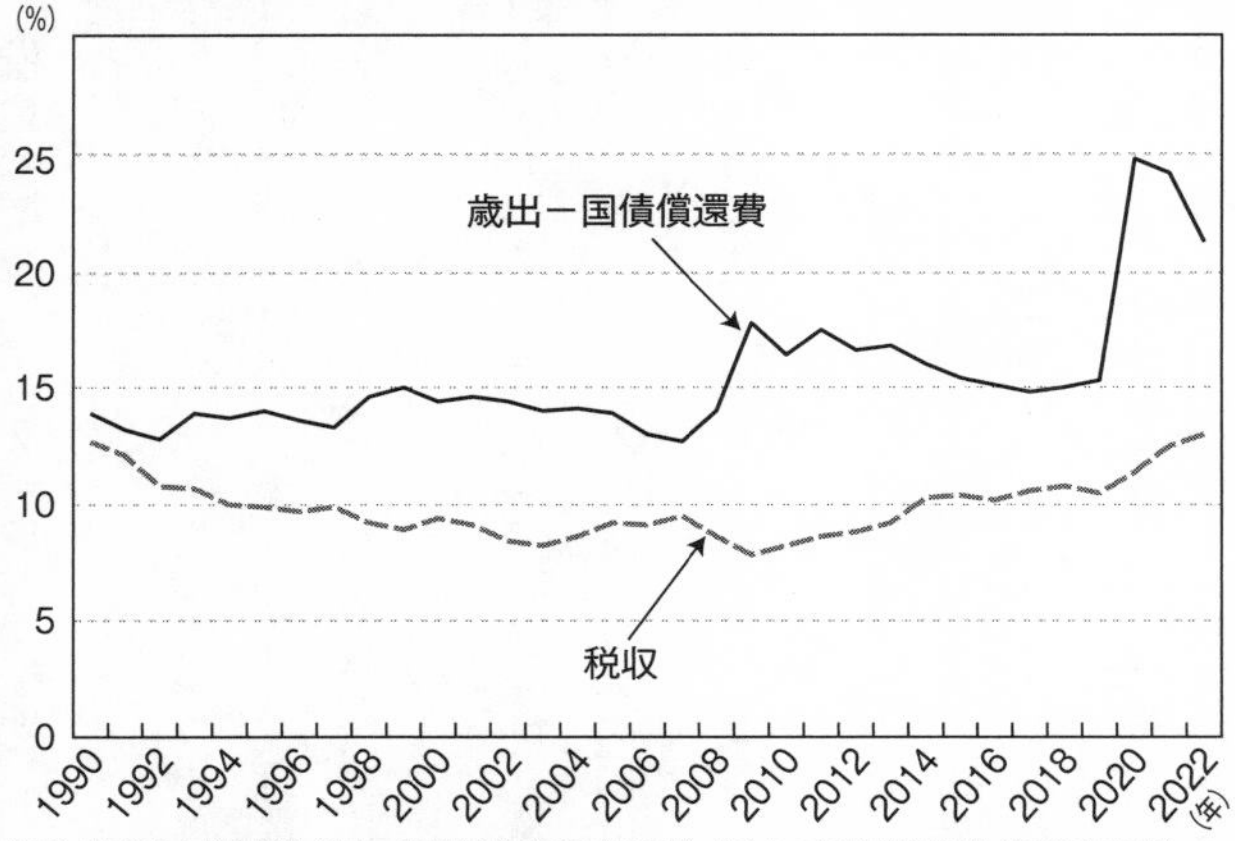

出所：財務省主計局「我が国の財政事情」（2021年12月）。「日本の財政関係資料」（2023年10月）
内閣府「国民経済計算」

ちなみに、ワニの口、すなわち「歳出－国債償還費」－「税収」の対ＧＤＰ比は、２００９年度のマイナス10・０％（過去最悪の数字）から、18年度にはマイナス４・２％と５・８％ポイントも改善している。うち、５％から８％への消費税増税によって改善した分は１・５％ポイントにすぎない。

なお、２０１９年度で比べていないのは、19年10月に消費税を10％に増税したにもかかわらず税収が減少し、赤字も拡大しているからである。消費税増税による消費減の影響が表れていたのかもしれない。

もちろん、２０２０年度以降は財政状況が大幅に悪化しているが、コロナショック対応で財政支出が拡大するのは、ある程度は避けられない。

「金融緩和が財政規律を緩める」という奇妙な理論

財政を改善する金融緩和政策が、財政拡大の誘因となり、むしろ財政規律を緩めると主張する財政学者、エコノミストも多いのだが（たとえば河野龍太郎『成長の臨界「飽和資本主義」はどこへ向かうのか』288-289頁、慶應義塾大学出版会、2022年）、奇妙な論理である。財政改善が財政規律を緩めるなら、増税で財政状況が改善しても、財政支出拡大の誘因が働くはずだ。実際、消費税増税時は、増税のショックを和らげるためとして、さまざまな財政拡大措置がなされることが多い。

分母（名目GDP）を拡大させ、景気拡大による増収があれば、財政再建が楽になるというのは全く当たり前のことだと私は思うのだが、ほとんどの経済学者がこの方法を否定している。彼らは、安倍政権が現実になし得たことを見ていないのである。

もちろん、そうでない経済学者もいる。伊藤元重・東京大学名誉教授は「公的債務比率の縮小には、分母の名目GDPを増やすことも重要だ。高い成長率が実現できない場合は、物価上昇で引き上げる必要がある」と述べている（伊藤元重「財政健全化にインフレも必要」『日経ヴェリタス』2018年6月18日)。

日本は穏当に赤字を減らしている

日本の財政状況は危機的なのに、物価も上がらず、金利も上がらず、円も大して下がらなかった。これは不思議だが、日本の財政状況は健全というほどではなくても、穏当に赤字を減らしている、と考えると謎が解ける。長期的に財政赤字を減らすようにしているので、人々は安心して国債を購入し続けているのだろう。

これに対し、たしかに1999~2008年度、2009~18年度を考えればワニの口は閉じ気味だが、リーマン・ショック時、コロナショック時では一挙に財政赤字が膨らんでいるのだから、財政状況が健全化しているとはいえない、という反論が出るだろう。しかし、危機時に財政赤字が膨らむのは世界中どこでも同じである。日本の財政状況が悪いから財政状況のよい国の国債を買おうとしても、世界中の財政状況が悪化している。財政状況のよい国はどこにもない。

また、危機のときに実物投資をする人もいない。銀行にとってみれば、貸出先もなく、仕方がないので国債を買っているしかない。景気が悪いから物価も上がらない。貸出先も投資先もないのだから、金利も上がらない。海外に資金が流れることもないのだから、円も下落しない。だから物価も上がらず、金利も上がらず、円も下がらない。経済が元に戻れば、歳出も税収も元に戻るから、ワニの口はゆっくりと閉じてくる。だから、焦って海外に資金を流出させたり、国債を売ったりしないのだろう。

なお、それでもワニの口の閉じ方はわずかだという反論があるかもしれない。とくに、コロナショック後の閉じ方がわずかだという反論があるだろう。しかし、ここでワニの口が閉じないのは、税収が上がっているのに、一度拡大した政府支出が減らないからである。この図を見ていると、私は、税収が上がるから安心して支出を増やし、政府赤字が拡大しているのではないかという気がしてくる。

第3節　GDP成長率に比べて税収増加率が高い日本

名目GDPが1%伸びると税収が何%増えるか

日本は財政危機といわれているが、前述のように、実は財政再建が進んでいる。なぜかというと、税収が増えているからである。ここで税収弾性値、名目GDPが1%伸びると税収が何%増えるかという値が問題となる。政府は、税収弾性値が1・1であると頑なに主張している（「参議院議員中西健治君提出税収弾性値に関する質問に対する答弁書」2015年2月3日）。

しかし、最近の税収と名目GDPを使って素直に計算すると3・6になる。すなわち、名目GDPが1%伸びれば税収は3・6%も伸びるということである。であれば、増税などしなくても財政再建できそうな気がする。増税命の財務省としては、とうていこんな議論は承服できない。そこで弾性値は1・1だと強硬に主張するわけである。

図4-3-1　一般会計税収での税収弾性値

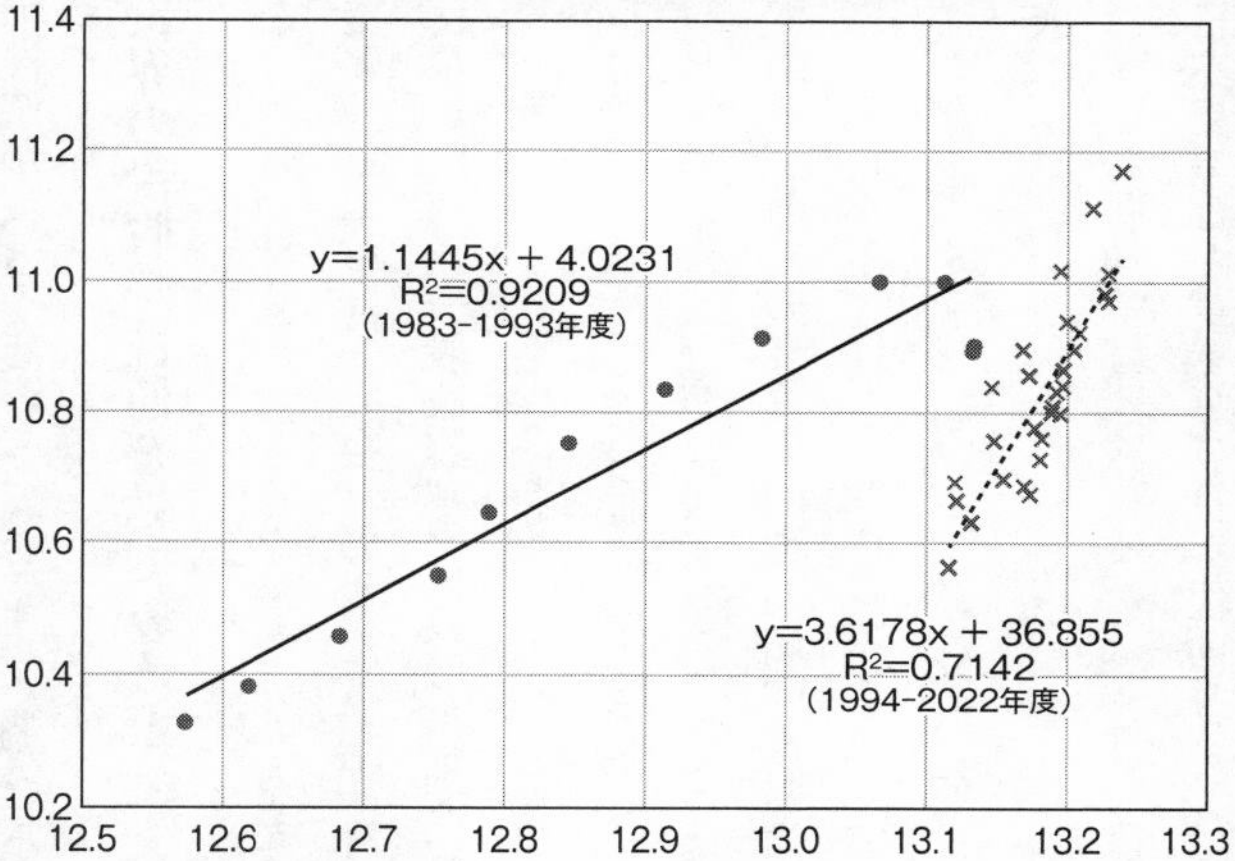

出所：財務省「日本の財政関係資料」。内閣府「国民経済計算」

実際の関係を見てみよう。名目ＧＤＰと税収の関係を見ると、図４-３-１のようになる。横軸に名目ＧＤＰ（対数）、縦軸に税収（対数）を取ると、この傾向線の傾きが税収弾性値となる。

１９９４年度から２０２２年度のデータで計算すると、税収弾性値は３・６となる。ただし、１９８３年度から93年度までのデータで計算すると税収弾性値は１・１となる。政府も、１・１は「比較的安定的な経済成長を実現していたバブル期以前の平均的な税収弾性値である」としている。ここでは93年度までのデータで計算しているが、もちろん、80年代末のバブル期以前のデータで計算しても同じような結果となる。なぜ94年度以降、税収弾性値が大きく変わってしまったのだろうか。

世界の税収弾性値を見てみると

なぜ税収弾性値が大きくなったのかを考えるために、世界ではどうなっていたのかを見てみたい。日本では一般会計の税だけが注目されるが、世界では、社会保険料も考慮して、年金基金を含めた一般政府（中央政府＋地方政府＋年金基金）の財政状況を見るのが普通である。国税・地方税も社会保険料も、取られる立場からすれば区別する必要はないからだ。

図4-3-2は、G7諸国とギリシャについて、1980年から2023年（2023年はIMF推定）までの名目GDP（対数）を横軸に、一般政府の収入（対数）を縦軸に示したものである。前述のように、この傾向線の傾きが税収弾性値になる。

これを見ると、日本とギリシャを除くいずれの国も1・0〜1・2程度となっており、長期にわたって安定している。これは、名目GDPが1％伸びると政府収入が1・0〜1・2％伸びてきたことを示している。なお、これらの数値には、増税分も減税分も含まれている。すなわち通常は、減税すれば弾性値は低下し、増税すれば弾性値は上昇する。

日本を見ると、1990年代前半までは他の国と同じような形状をしていたが、90年代央

図4-3-2 主要国の政府収入弾性値

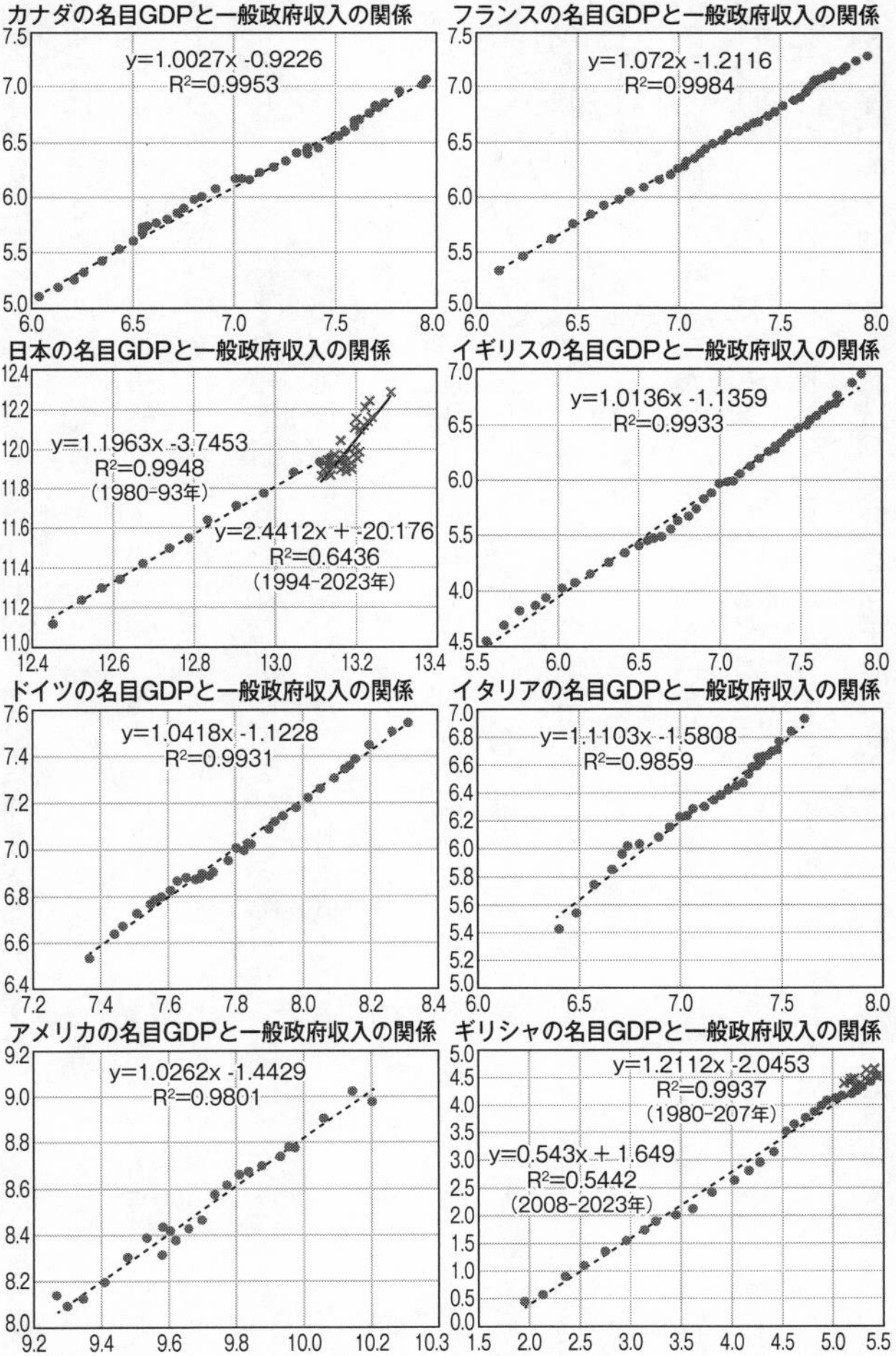

出所：International Monetary Fund, World Economic Outlook Database, October 2023

以降、傾きが急になっている。1980—93年の税収弾性値は1・2だが、1994—2023年では2・4となっている。

1994—2022年の一般会計の税収弾性値3・6より低いのは、社会保険料の収入があるからである。社会保険料は賃金に対してほぼ一定の税率で、かつ最高額が決められている税だからである。つまり、名目GDPが増加しても社会保険料収入はあまり伸びない。したがって、一般政府の税収弾性値は一般会計の弾性値よりも低くなる。

1994年から2023年で、散布図の傾きが急になるのは、この間、経済が収縮と拡張を繰り返したからである。不況になれば企業の利益は縮小し、法人税は大きく減少する。失業が増えて所得のある人が減り、ボーナスも減って所得税も減少する。消費を手控えるので消費税も減少する。不況から回復すると、今度は逆のことが起きる。名目GDPの増加に対して、税収は大きく増加するのである。

不況はどの国でも生じており、税収の傾向線からの下落は、どの国にも見られるが、日本の名目GDPの長期にわたる落ち込みは他の国にはないことだった。これは日本がマクロ経済の安定に失敗していることを示している。名目GDPの伸び率がマイナスになることなどがなく、安定的に伸びていれば、税収も安定し現在以上に税収が上がったはずである。

自然増収の悪影響は他の増税より小さい

さて、税収弾性値が２・４で、名目ＧＤＰが伸びれば、財政再建にはなるが、それが続くとなると、政府収入の名目ＧＤＰ比が上昇することを意味する。所得税は累進課税であるから、名目値の上昇とともに、実質所得が増えていないのに税率の高い上の階層に移行してしまう（ブラケット・クリープ）。これは自然増収と呼ばれるが、増税と同じである。

ただし、この増税は、所得が増えて初めて増税になるので、消費税で所得が増えないのに増税するのと異なって、景気を悪化させる効果は、他の増税よりも小さいだろう。

一方、ギリシャを見ると２００７年までは他の国々と同じであったが、２００８年以降、税収弾性値が０・５となる。名目ＧＤＰが減少している時に税収が大きく減るのではなく、税収があまり減少しないようにしていた、すなわち大増税をしていたことを示す。同時に政府支出を大きく削減したので、その結果、財政赤字は黒字に転換し、財政再建を成しとげた。

しかし、実質ＧＤＰは２００７年のピークから16年までに27％も減少し、失業率は13年には27％にまで上昇した。２０２３年になっても実質ＧＤＰは以前のピークを回復せず、失業率も10％を超えたままである。これらは1930年代の世界大恐慌並みの数字である（本章第5節参照）。

税負担の指標は「政府収入」対「名目GDP比率」とすべき

これまで述べたことから考えると、政府収入対名目GDP比率が税負担の指標となるべきである。図4-3-3は、各国の政府収入対名目GDP比率を示したものである。

すべての国について説明するのは煩瑣なので、イギリスと日本とギリシャについてだけ説明する。イギリスは、1980年代にこの比率が低下した。サッチャー政権の小さな政府の政策によって起きたことだろう。図には80年代のアメリカのデータがないが、レーガン政権の大減税によって、やはりこの比率は低下していただろう。

日本を見ると、1990年までこの比率が上昇していたが、90年代以降低下した。ところが、アベノミクスの始まった2013年以降、2023年までに、それまでの30％のレベルを超えて37％にまで上昇した。この間、2004年から18年まで厚生年金保険料を毎年0・354％ずつ引き上げて13・934％から18・3％にしていた（2013年からの累計で0・354％×5年間＝1・77％）。

図4-3-3 主要国の一般政府収入／名目GDPの推移

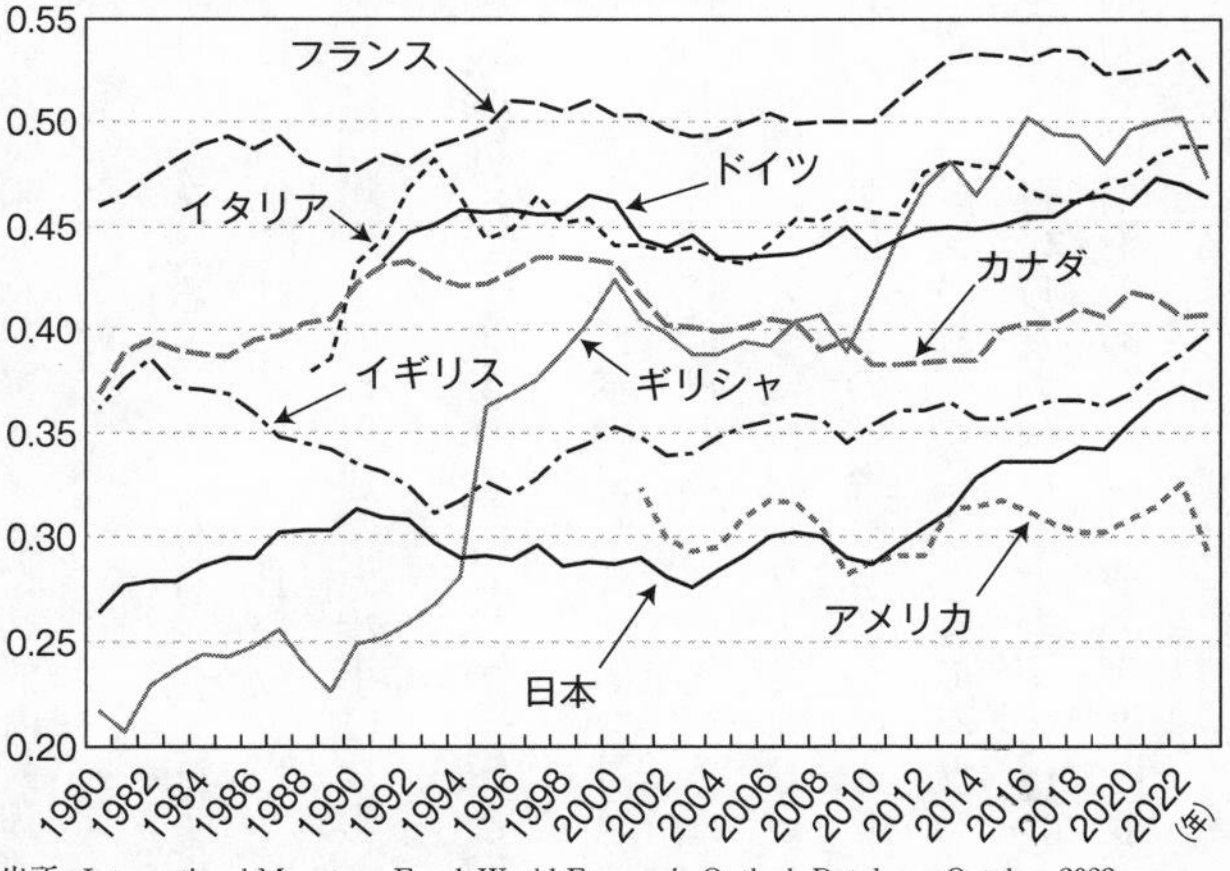

出所：International Monetary Fund, World Economic Outlook Database, October 2023

また２０１４年、19年には消費税が引き上げられた（合わせて５％）。保険料はＧＤＰ比で１％、消費税は２・５％程度である。すなわち、制度的な増税の名目ＧＤＰに占める比率は３・５％にすぎず、30％から37％に７％ポイント上昇したことのうちの半分である。残りの半分の税収増は、名目ＧＤＰが安定的に上昇したことによって生じたものである。

これは一般政府の数字である。一般会計で見ると、税収の対ＧＤＰ比は２０１２年度の８・８％から22年度の13・０％まで４・２％ポイント上昇している。うち消費税の分は２・５％である。

この結果は、日本の多くの財政学者やエコノミストの主張することとはかなり異なっている。多くの人々がアベノミクスで財政規律が低下したというのだが、事実を見れば大増税を行っていたのである。

ギリシャを見ると、1990年代央に大増税した後、2010年代にも大増税している。2度目の増税時は、名目GDPが減少している時だったので、大恐慌を招いた。ギリシャの教訓とは、無理な財政再建は大惨事になるということである（本章第5節参照）。

税収弾性値が1より高ければ増税と同じ

最近のデータで日本の税収弾性値を計算すれば、2・4〜3・6となる。これによって名目GDPが順調に伸びれば、財政再建もかなり楽になると思われる。しかし、名目GDPが1%しか伸びないのに税収が2・4〜3・6%も伸びるというのは、増税しているのと同じである。しかし、この増税は所得が増えてはじめて税収が得られるというものなので、所得がなくても課税され、増税が起因で不況を招くことがないという意味では優れている。

また、名目GDPの伸びが安定するにしたがって税収弾性値は低下していく。すなわち、一時的な大増税のあとには、他の先進国並みの穏やかな増税となってくる。

第4節　防衛費増は増税で賄うべきか、国債発行で賄うべきか

現在の防衛費増額は将来の国民のためでもある

日本政府はこれまでGDPの1%に抑えられていた防衛費を、2023年度から5年かけて、北大西洋条約機構（NATO）諸国が目標とする2%に増額することを決定した。これに合わせて、増加分を税で調達すべきか、国債で賄ってもよいのかの議論が盛んになっている（たとえば「防衛費財源、国債か増税か　政府内二分「首相はセンスない」怒号も」『毎日新聞』2022年12月13日）。

私はまず、防衛費が将来の国民を守るためであるなら、国債で負担してもよいではないかと思う。そもそも、戦時には愛国国債が発行され、戦費が国債で賄われる。愛国国債より軍事公債が正式名称だが、戦時国債を買うことは愛国心の発露と見なされていた。

日清戦争では戦費の30・7%を日銀からの借入金で、20・0%を公債で賄う計画だった

（小野圭司『日本戦争経済史　戦費、通貨金融政策、国際比較』日本経済新聞出版社、2021年、表4‐2、109頁）。日露戦争では、内債で42・4％、外債で40・1％、合わせて82・5％を借金で賄うこととされていた（同表5‐6、143頁）。

日華事変から太平洋戦争の戦費は、公債金で61・4％、現地通貨借入金で24・5％を賄った（同表7‐6、216頁）。現地通貨借入金とは、日本が占領地でお札を刷ってそれで戦費を賄ったということである。日本の刷ったお金は無価値になったから、現地でお金を借りて踏み倒したのと変わらない。

いままでも借金で賄ったのだから、今回も借金で賄えばよいと言ったら、日清日露の戦争では、実際に戦争したときに借金で賄っているのであって、軍備増強の時には借金をしていないという反論があるだろう。

税でも国債でも国民の負担は変わらない

多くの人が誤解しているが、必要な防衛費を国債で調達しようが、税で調達しようが、国民の負担が変わるわけではない。なぜなら、防衛費を増額するとは戦艦、戦闘機、ミサイル、弾薬をこれまで以上に購入し、自衛官の増員などにお金を使うことだ。

それらは、現在の世代が武器を増産し、現在の世代から自衛官を増員することだ。未来から、武器弾薬や自衛官をタイムマシンで持ってくることはできない。すなわち、現在の世代の生産しているものを削って自衛力を増強しなければならない。要するに、資金調達の手段に依らず、現在の世代が負担するしかない（野口旭『反緊縮の経済学』「４ 負担を負うのは誰なのか」２７８―２８１頁、東洋経済新報社、２０２１年）。

もちろん、借金をして外国から輸入すれば、現在の世代の負担になることなく、武器弾薬を増やすことができる。このお金は将来、外国に返さなければならないから、将来世代の負担になる。日露戦争の外債による戦費調達は、たしかに将来の国民の負担になっただろう。

国債の負担とは何か

ここで国債の負担についてやや理論的に考えてみよう。前掲の武器弾薬の例では、国内の労働力がフルに使われ、これ以上生産できないという場合を考えている。この状況で、武器を作れば、消費財か投資財の生産を縮小するしかない。

消費財を減らせば、現在世代の消費できるものが減る。投資財を減らせば、現在の投資が減って、将来の資本ストックが減り、将来の生産も減って将来世代の消費できるものが減る。この点では、将来世代の負担になるが、これは国債の発行とは関係がない。政府が国債で資金を調達しようが、税で資金を調達しようが、武器を作れば、消費財か投資財か、あるいは両方の生産物が減少するということを示している。

国内の労働力や資本設備がフル稼働されていないとき、政府が国債を発行して支出をすれば、労働力や資本設備がフルに使われて消費か投資かが増加する。すなわち、国民の負担なくGDPが増加する局面がありうる。

フル稼働になった後は、武器弾薬で述べたことと同じになる。しかし、国債と税で多少の違いは生じうる。まず、政府が支出する資金を税金で調達したとしよう。すると、現在の消費が減少する（増税で投資が減る場合もあるが、話が複雑になるのでそれは考えないことにする）。これは現在の世代が負担する。

では国債で調達した場合、国民が投資するはずのお金のなかから国債を購入するのなら、投資が減ると考えられる。すると、投資が減って将来世代は貧しくなる。これは将来世代の負担である。

国債は、たしかに将来世代に資産として残され、金利も支払われ、元本も償還される。しかし過去に国債を購入した人が、投資を減らして国債を購入したなら、投資が減っているのだから、それだけ将来世代は貧しくなる。つまり、国債の発行によって本来なされるべき投資が減少すれば、将来世代の負担になる。

借金を減らして敗れたフランス

以上の議論は、ノーベル経済学賞を受賞したマサチューセッツ工科大学の故ポール・サミュエルソン教授のものである。サミュエルソンと言えば、経済学者にとって神のごとき知力の大学者と見なされていると思うのだが、日本の経済学者が財政について議論する時、サミュエルソンの議論から出発しないのは、私にはまったく理解できない。

さらに言えば、日本の人口は減少している。1000年後には、日本人がただ一人となる可能性がある。この最後の日本人は、すべての国債に対して、国民として国債という資産の保有者であり、政府として国債という負債の債務者である。資産と債務の額は同じだから、資産も債務もない。残るのは、国債で何を作ったかの違いだけである（原田泰『日本はなぜ貧しい人が多いのか』第6章7、新潮選書、2009年参照）。

将来に戦争があるとすれば、その時にとてつもない戦費が必要になる。これは借金で賄うしかないのだから、現在、借金を減らし、将来の戦費の借金に備えるべきだという議論がある。この議論は、第一次世界大戦後のフランスで盛んだった。フランスは懸命に借金を減らし、軍備を増強しなかった。その結果、第二次世界大戦の開戦時には軍備不足に陥った。

当時の高名な作家アンドレ・モーロワは、フランス兵には軽機関銃がなく、将校に渡す拳銃もなかったと証言している（『フランス敗れたり』53―54頁、ウェッジ、2005年、原著は1940年）。ドイツ軍が1940年5月にフランスに侵攻すると、6月にはパリに入城した。フランスは、わずかひと月余りでドイツに降伏した。必要なのは、借金を減らすことではなく、ただちに軍備を増強することだった。

財政黒字は政府の成功を示さない

そもそも財政赤字とは何か、ということを民間企業との関係で考えてみよう。

企業の利益とは、売上から原材料費、賃金、利払い、減価償却費などすべての費用を差し引いたものである。下請けや労働者を叩いて、不当に原材料費や総賃金を低くしているのでなく、かつ、不当に販売価格を高くしているのでなければ、社会の資源を正当に用いて、その資源の価格以上のものを生み出していることになる。すなわち、価値を創造している。これが赤字であれば、企業は価値を創造していないことになる。

一方、政府の赤字は価値創造とは関係がない。社会的に有用な資源を税の形で吸収して、社会的に無用なことに使っていれば、税収－支出がプラスでも価値を創造しているとは言えない。

つまり、財政黒字は政府の成功を示していないし、財政赤字も政府の失敗を示していない。政府活動の価値は、財政収支よりもその支出の価値で決まるのである。

「税か国債か」より「何に使うか」が大事

要するに「税か国債か」より、「何に使うか」が大事である。太平洋戦争の戦費を、借金でなく税で調達したら何かよいことがあっただろうか。税で調達しても国債で調達しても、無駄に多くの人が死んだことは変わらない。つまり、税か国債かより、何に使うかが大事ということだ。

従来の「中期防衛力整備計画」に代わる「防衛力整備計画」（2022年12月16日閣議決定）が発表され、長距離射程のミサイル、航空機や艦船の装備品などの維持整備、自衛隊の施設の老朽化対策、無人機、宇宙、サイバーの分野に防衛費を増額するという。素人の筆者なりに考えると、マッハ10や変則軌道を飛行するミサイルを撃ち落とすことはできないので、防衛ミサイルの購入を減らして敵基地攻撃用のミサイルを購入することになる。早く言えば、パトリオットの購入を減らして、トマホークまたはその強化型ミサイルを購入し、いずれ国産化するということだ。

常識で考えて、飛んでいる敵のミサイルを打ち落とすより、地上にある敵基地を攻撃したほうが簡単だから、安くつくと思う。ついでに言えば将来、敵のミサイルが進歩するとパトリオットが役に立たなくなるのだから、現在、ウクライナに供与すればよいと思う。今なら敵のミサイルを打ち落とせる。インフラや住宅を守るためのパトリオットなら、専守防衛で、日本の現在の法律にも違反しない。アメリカがパトリオットを供与しているが、ウクライナにとっては、いくらあってもよいだろう（結局、日本がパトリオットをアメリカに輸出するようである〈「自衛隊保有『パトリオット』輸出へ　年明け以降　米側と本格調整」NHKニュース、2023年12月26日〉。アメリカはウクライナに供与しているのだから、間接的には日本が供与していることになる）。

弾薬や修理部品などの装備品の購入を増やし、それを貯蔵できる頑丈な倉庫を作ることも必要だろう。国を守る自衛官の宿舎がボロボロでは申し訳ないから、改築する。給与面での待遇改善も必要だろう。

無人機などは、初期には輸入となるのかもしれないが、ライセンス生産できるようにならないと、修理やいざという時の増産ができない。つまり防衛費の増額とは、宿舎や弾薬庫という鉄筋とコンクリートの公共事業と、国産機械類を購入し、一部を外国製品に頼るということである。防衛費の増額とは、景気刺激のための公共事業の増額とあまり変わりはないのではないか。

どれだけの防衛費が必要なのか

防衛費の増額とは、現在GDPの1%の防衛費を2%にすることだ。すなわち、現在5・4兆円の防衛費を倍にすることだ。ただし、これまでは防衛費を1%以下にするために、防衛費の範囲を極力狭く解釈してきたが、2%はNATO基準であるので、より広い概念の防衛費になる。

そうすると、4兆円ほどの増額でよいようだ。4兆円の増額といっても、これは2027年度の目標なので、毎年0・8兆円ずつ増加させていくということである。これはGDPの0・2%以下である。

また、本章3節で述べたように、税収の対GDP比は2012年の8・8%から2022

図4-4-1　一般会計歳出の当初予算と決算

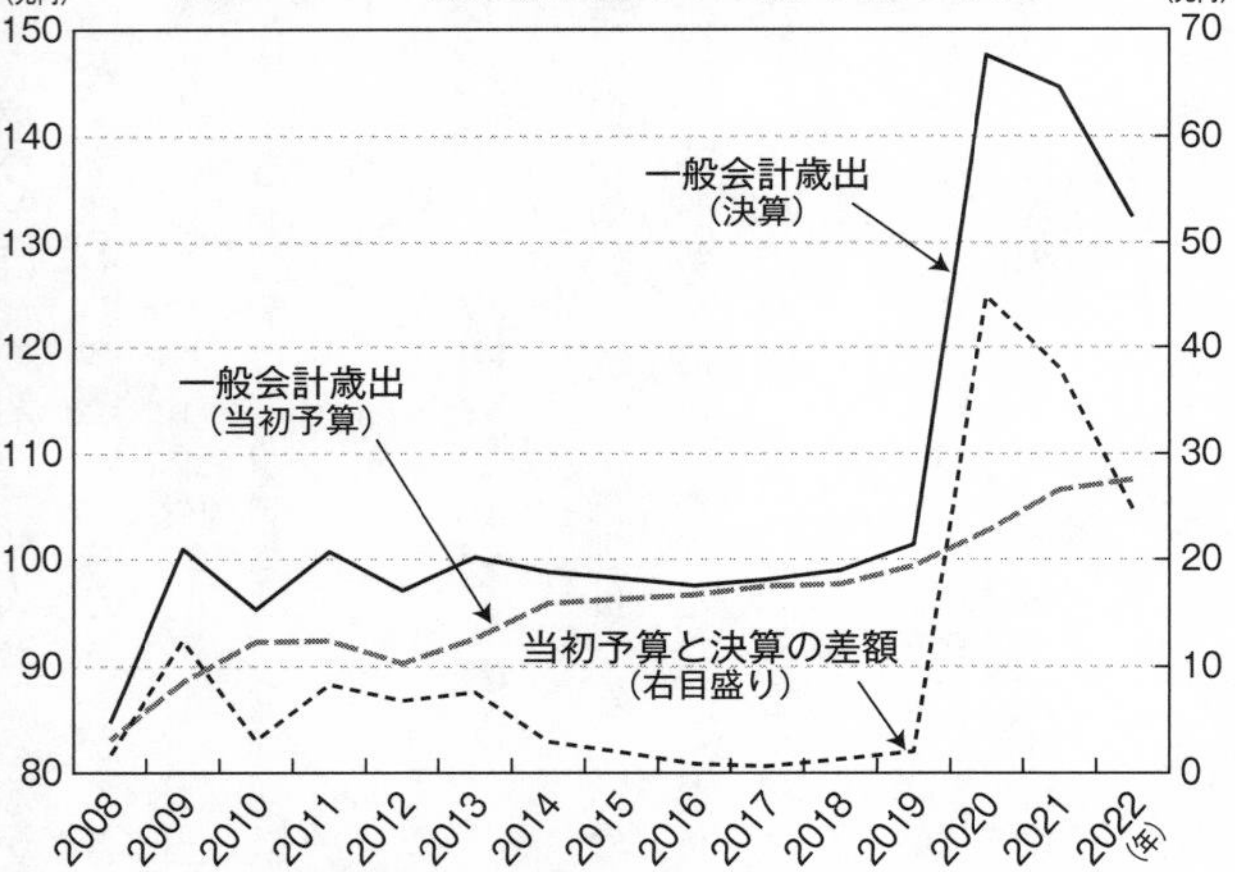

出所：財務省「日本の財政関係資料」、「一般会計決算概要(剰余金)」2023年7月31日

年の13・0%まで4・2%ポイント上昇した。消費税増税分の2・5%を除外しても1・7%ポイント伸びた。そう心配しなくてもよいのではないか。

さらに、政府は気前よくお金を使っている。図4-4-1は、ここ10年の当初予算と補正で増額した後の決算とを比較したものである。決算ではなく補正後予算にするべきという意見があるかもしれないが、補正予算で大幅に増加しても決算ではあまり増加していないこともある。最終的に重要なのは決算であるので、決算を採用した。

当初予算と決算の差額を見ると、2016年と17年を除いては差額が1兆円以上となっている。リーマン・ショック後の09年には

12・4兆円、東日本大震災のあった11年から13年まで毎年7、8兆円、コロナショックのあった20年には44・9兆円、21年には38・0兆円、コロナの収まった22年でも24・8兆円となっている。

これらの増額予算には、不況対策の公共事業にかなりのものが使われている。すると、防衛費の増加分も公共事業と同じようなものだから景気刺激のための予算として理解できるのではないか。

2008年から20年までの差額の累計は157・0兆円、1年あたりでは10・5兆円である。この差額はみな国債の増発で賄われている。防衛費のための4兆円の支出など大したことではないのではないか。

むやみな補正予算の積み増しにストップを

もちろん、皆が4兆円ぐらいなら大丈夫、将来の国民のためになると言い出して国債を発行していたらキリがない、という議論は分かる。

医療費も、国民が健康になれば将来の国民の利益になる。教育は、将来の国民を豊かにする。国防費は将来の国民を守るためのものだから国債で賄うべきだ、と言い出せばキリがない。

私は、いずれの主張も一般論で言えば正しいと思うが、キリがないから増税したい、という財政当局の言い分も分かる。しかしその前に、訳も分からず補正で積み増すことは止めてほしい。

そのためには「税か国債か」の議論ではなく、集めたお金を何に使うのかの議論がまず必要だ。所得税に付加して増税した東日本大震災の復興予算は、まったく効果的に使えていない。増税で調達しても、賢く使うための助けにはならない。それは私の『震災復興 欺瞞の構図』（新潮新書、2012年）などを参照していただきたい（「東日本大震災復興に高台造成はやはり必要なかった」『Wedge』2021年3月号。中里透「将来世代にツケは回せるか――防衛費の「倍増」について考える」SYNODOS, Opinion, 2022.12.05も参照）。

第5節　1930年代大恐慌並みの懲罰を受けていたギリシャ

ギリシャの財政危機の顛末と対策

日本の財政赤字が大変な状況にあるという話はずっと続いてきたが、思い出してみると、とくに大変とされたのはギリシャの財政危機がきっかけだった。日本の民主党政権時代の２００９年10月から10年４月にかけて生じた危機で、このままでは日本もギリシャのようになってしまうと喧伝された。その後も、日本はギリシャのようにはなっていない。では、その後のギリシャはどうなったのだろうか。

２００９年10月、ギリシャで政権交代が行われ、新政権の下で、旧政権が行ってきた財政赤字の隠蔽が明らかになった。ギリシャの財政赤字は、旧政権が発表してきたＧＤＰの４％ではなく、実際は13％であることが分かったのである。

そこで新政権は、財政赤字を対ＧＤＰ比２・８％以下にする３カ年財政健全化計画を策定

図4-5-1 ギリシャの財政状況（対GDP比、%）

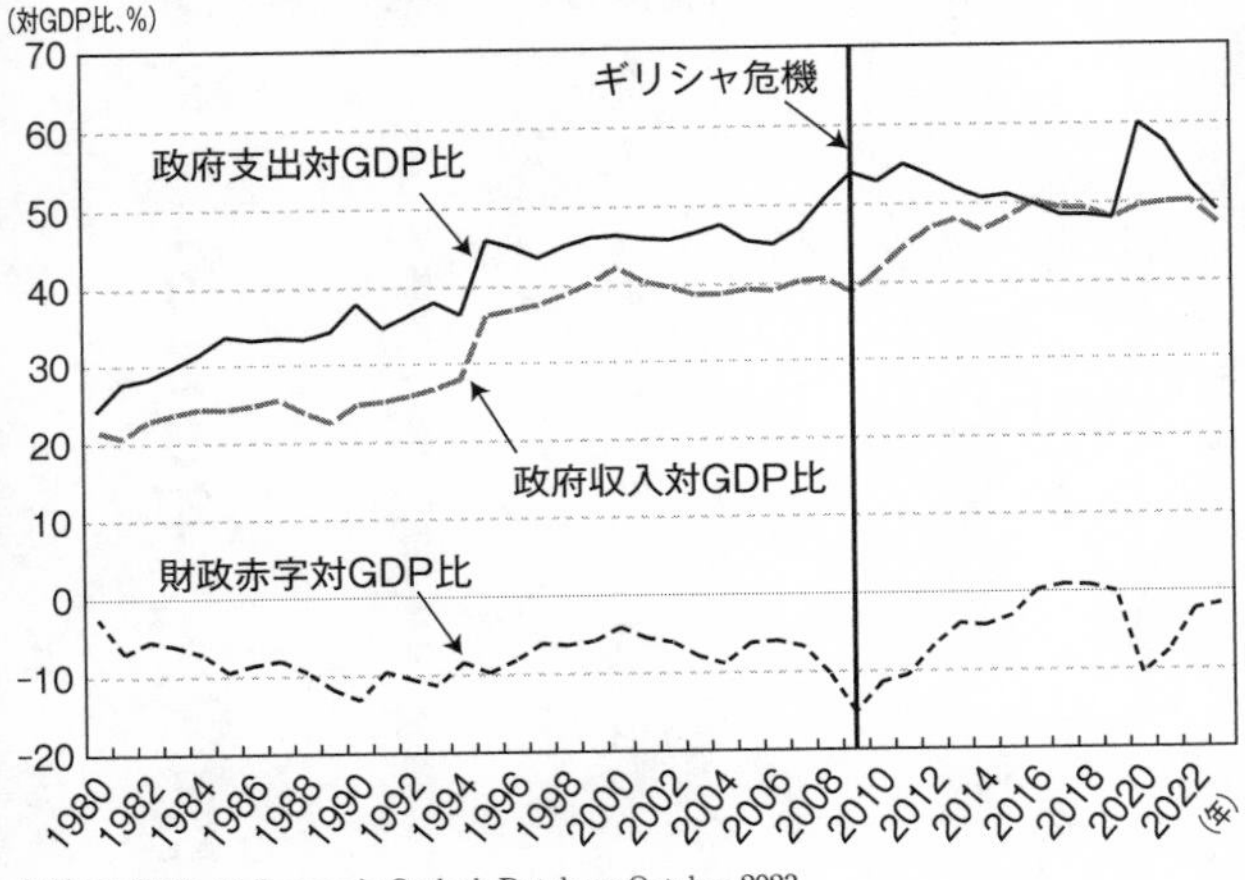

出所：IMF World Economic Outlook Database October 2023.

するが、債務不履行の不安からギリシャ国債が暴落（金利は急騰）、株価も下落した。そこで10年4月23日、ギリシャはＩＭＦ、欧州委員会、欧州中央銀行に金融支援を要請した。ＩＭＦなどは金融支援の条件として超緊縮的な財政政策を採るように要求し、ギリシャはそれを受け入れた。

大恐慌並みの実質ＧＤＰの落ち込み

その結果、どうなったか。図4－5－1に見るように、ギリシャの財政赤字がピークであった２００９年から財政赤字を解消した16年までで、対ＧＤＰ比で見て政府支出は４・１％ポイント削減、政府収入は11・３％ポイント上昇し、財政赤字は15・２％から０・３％

図4-5-2 ギリシャの財政状況（実額、10億ユーロ）

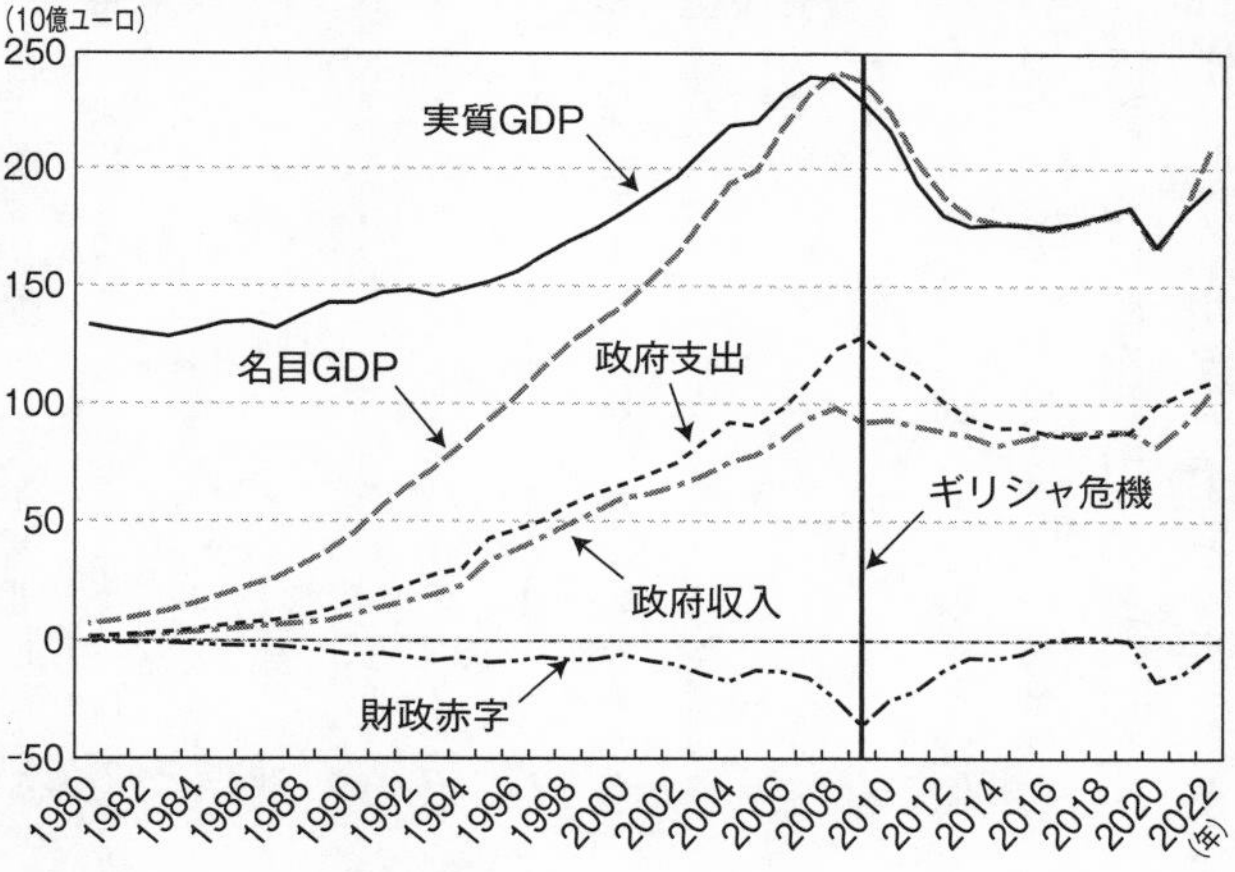

出所：IMF World Economic Outlook Database October 2023.

の黒字に転じた。対ＧＤＰ比で15・６%ポイント（４・１%＋11・３%、四捨五入のために合計が合わない）の緊縮を行ったことになる。

これを対ＧＤＰ比ではなく、図４‐５‐２に示すように実額で見ると、さらに大きな変化があったことが分かる。政府支出は32・２%減少、増税にもかかわらず政府収入は５・１%減少。対ＧＤＰ比での変化より実額の変化がさらに大きい。

政府収入が対名目ＧＤＰ比で11・３%ポイント上昇したにもかかわらず、実額では５・１%も減少してしまったのは、名目ＧＤＰが減少したからである。名目ＧＤＰは２００９年に比べて16年には26・５%も減少した。

名目ＧＤＰが減少したから、政府支出の減

少が緩やかで、政府収入が増加したように見えたのである。もちろん、実質ＧＤＰも２００７年（実質ＧＤＰがピークの年）に比べて26・８％と、大きく減少した。これは１９３０年代の大恐慌並みの落ち込みである（バリー・アイケングリーンほか著『国家の債務を擁護する』第12章、日本経済新聞出版、２０２３年参照）。

ＩＭＦによると、ロシアの実質ＧＤＰ成長率は、ウクライナ侵攻を始めた２０２２年にはマイナス２・１％だったが、２０２３年（予測）では２・２％に回復する。為替レートは安定しており、失業率は22年の４・８％から23年には３・３％に低下する。もちろん、これは軍隊や軍需工場に動員されている人が多いからで、楽しく仕事をしているわけではない。財政赤字はＧＤＰの１・４％から３・７％に拡大したが、大したことはない（IMF, World Economic Outlook, October ２０２３）。結局のところ、西側諸国は侵略したロシアに有効な懲罰を行えていない。

一方、ギリシャは別に非道なことは何もしていない。せいぜい財政赤字の数字を誤魔化して、税金を取らず、働かないで酒を飲んで楽しくやっていただけだ。実質ＧＤＰを26・８％も低下させるほどの懲罰が必要だったのだろうか。ロシアに比べて、あまりにも不公平である。ＩＭＦや欧州委員会などはもっと寛大な処置ができたはずだ。たとえば、不正な数字の

図4-5-3 ギリシャの人口、雇用、失業率、雇用率

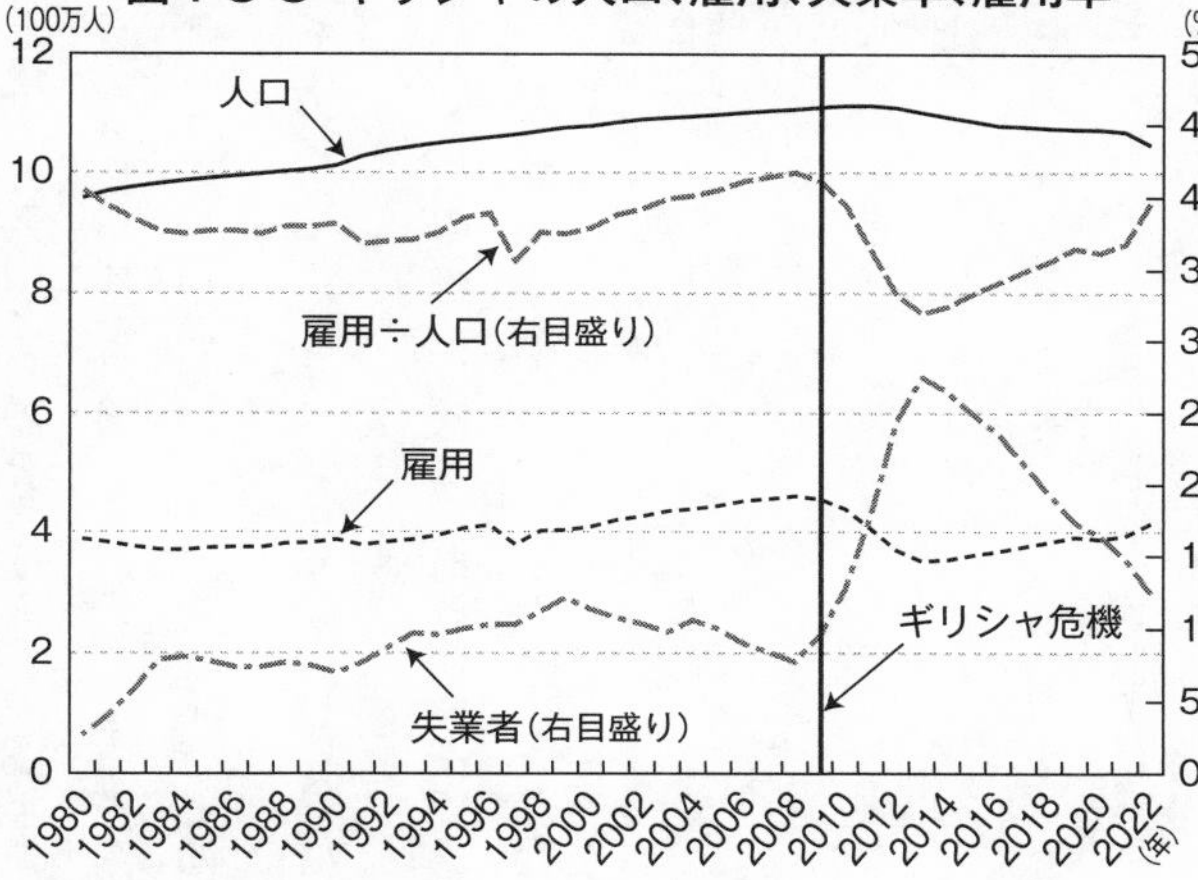

出所：IMF World Economic Outlook Database October 2023.

申告に50億ドル（７５００億円）の罰金を取るとかの処置で十分すぎるだろう。

無理な財政再建策は国家を衰退させる

実質ＧＤＰが26・８％も低下すれば、雇用も大打撃を受ける。図４-５-３は、雇用を中心に財政危機前後の状況を見たものである。

失業率は20％を大きく超え、雇用者数も雇用率（雇用者数÷人口）も低下した。それまで増加していた人口は、減少に向かった。人口が減少したのは、仕事がないので他国に人口が流出したためである。

ギリシャの人口は、２００９年以前の10年平均で毎年０・３１４％ずつ増加していた。このトレンドで人口が増加したと仮定した場

合と現実の人口との差を考えると、23年までに108万人の人口を失ったことになる。ギリシャの人口は1046万人（23年）であるから、10・3％の人口減である。

無理な財政再建策は、国家を衰退させる。

ギリシャにもアベノミクスが必要だった

ギリシャの経済危機とは財政が危機であったことではなく、財政が危機だと思って極端な財政引き締め策を取ったことから生まれた。もし極端な財政緊縮をしていなかったらどうなっていただろうか。

財政赤字を対GDP比15・3％のままというのはさすがにまずいと考えて、政府支出を2009年の1285億ユーロに固定する。その程度ではインフレになる、といわれるかもしれない。極端な緊縮策によってデフレになっているから、緊縮策を取らなかったらインフレになっていたかもしれない。

ここでインフレ率が3％（GDPデフレータで）になったとしよう。すると税率を同じにしておいても、毎年名目の政府収入は3％ずつ増加する。11年後の20年には政府収入は1280億ユーロとなって、財政均衡する。いや、もっととんでもないインフレになるという人もいるかもしれない。しかし、10％のインフレなら政府収入は毎年10％増加する。３年余りで政府収入が１２８５億ユーロを超えて財政均衡する。このほうがよかったのではないか。いや、そううまくいくはずがないという人もいるかもしれない。しかし、これはアベノミクスで実証済みの方法である。ギリシャにもアベノミクスが必要だった。もちろん、アベノミクスは金融緩和政策が第１の矢だからこれができたので、ギリシャはユーロを使っていて自国通貨を持っていないのでこれはできない、という批判があるだろう。しかし、ヨーロッパ中央銀行がもっと緩和的な金融政策を採ってもよかった。少なくとも、ギリシャに大恐慌を起こさせるような制裁を課すことはなかった。

第６節　敗戦直前の債務残高でもインフレが起きないのはなぜか

政府債務の増加で戦後にインフレ率が急上昇したわけではない

日本の政府債務残高の対ＧＤＰ比は、２０２３年度には２４５・８％となり、敗戦直前の

1944年の204%を大きく超えている（図4-6-1）。それでも戦中・戦後に起きたようなインフレは起きていない。それどころか依然としてデフレへの後戻りを心配する状況にある。なぜだろうか。

物価は、開戦の1941年から敗戦の45年までで1・8倍、その後49年までで急上昇して78・5倍、合わせて戦前水準の140倍以上（日本銀行「本邦経済統計」東京小売物価指数）になっている。しかし、戦後になってインフレ率が急上昇したと理解するのは誤りである。なぜなら、戦中から戦後直後の統計は実勢より低い統制価格を調べているからだ。

戦後にインフレ率が一挙に高まったように見えるデータがインフレのコントロールを難しいとする根拠にされることがあるが、物価は1937年ごろから徐々に上昇を始めていた。そこから、財政・金融両面から引き締めることは容易だった。そうできなかったのは軍部が権力を握り、軍事費の拡大を抑えられなかったからだ。

現在と終戦直後で何が違うのか

実は、財政状況が戦時並みに悪化しているのは日本だけではない。アメリカの政府債務残高の対GDP比は、1946年で119・8となっていたのに対し、2022年は119・

図4-6-1 戦前からの債務残高対GDP比の推移

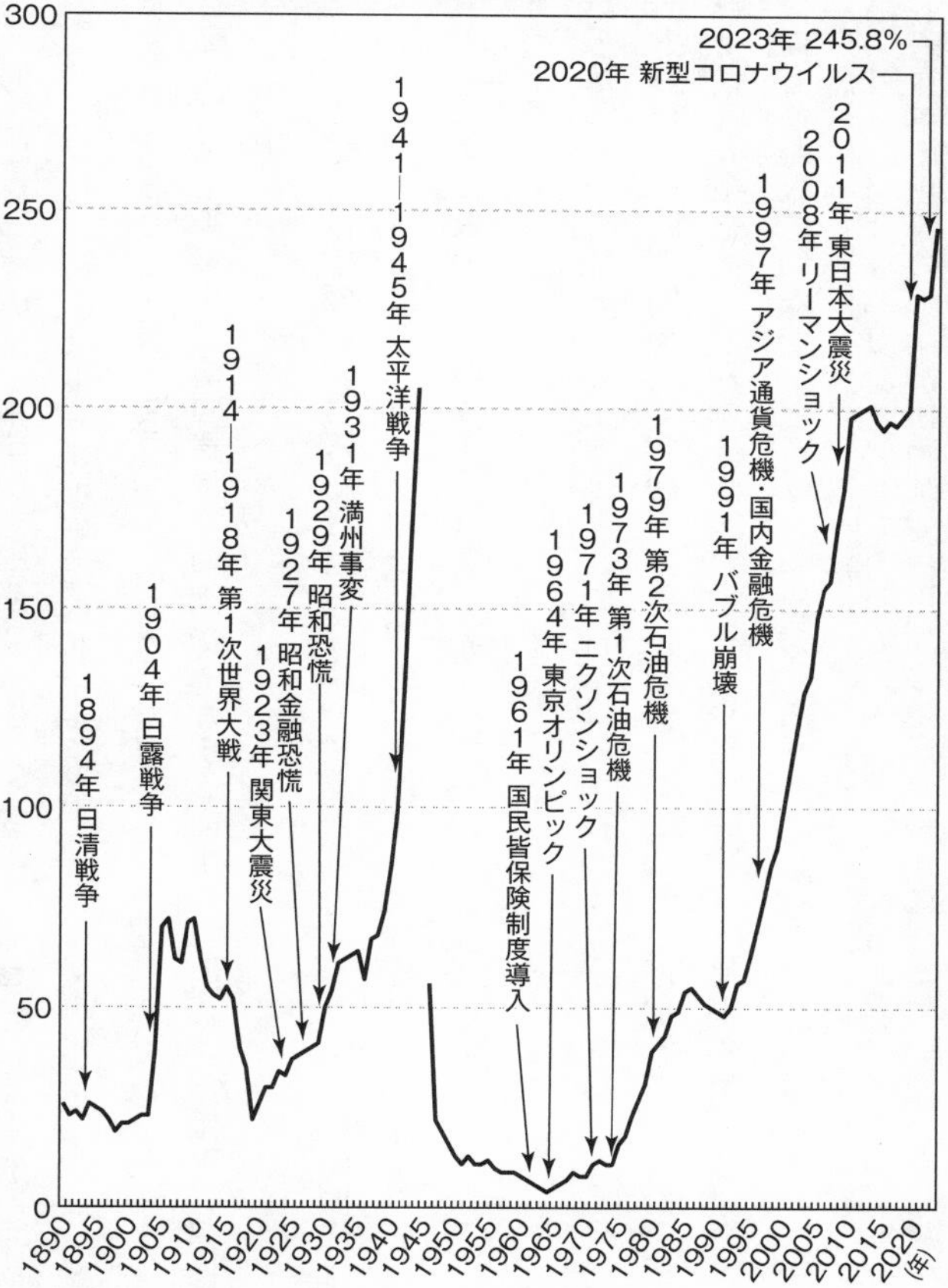

出所：財務省「日本の財政関係資料」令和5年10月「参考 戦前からの債務残高対GDP比の推移」56頁
注：1. 政府債務残高は、「国債及び借入金現在高」の年度末の値（「国債統計年報」等による）。令和４年度までは実績、令和５年度は予算に基づく計数。昭和20年度（1945年度）は第２次世界大戦終結時によりＧＮＰのデータがなく算出不能。
注：2. ＧＤＰは、昭和４年度までは「大川・高松・山本推計」における粗国民支出、昭和５年度から昭和29年度までは名目ＧＮＰ、昭和30年度 以降は名目ＧＤＰの値（昭和29年度までは「日本長期統計総覧」、昭和30年度以降は国民経済計算による）。
注１、注2とも詳しくは出所参照。

8％と同じになっている（Federal Reserve Bank of St. Louis, Debt to Gross Domestic Product Ratios）。ただし、物価は1941年から49年までで62％しか上がっていない（US Inflation Calculator, "Consumer Price Index Data from 1913 to 2020,"）。最近の状況を見ると、日米とも2022年にエネルギー価格の高騰で物価が上昇する前まで、消費者物価上昇率は1－2％だった。

アメリカでも日本でも、最近では財政赤字や債務残高とインフレ率との関係は薄い。しかし、戦争中から戦後にかけての日本では、物価水準が140倍以上になった。現在の日本と戦中・戦後の日本で、何が違うのだろうか（以下の視点は、霞が関のあるエコノミストに学んだものである）。

第1は、財政の使い道である。戦時の日本は、国債および通貨発行で、戦費を賄った。予算の5割以上が防衛関係費で、戦況が悪化していくにつれて増加していった。要すれば、ゼロ戦や戦艦大和を造り、みな海に沈めてしまった。財政は、将来の生産を増やすようなことには何も使われていない。

第2は、供給力の破壊である。工場はアメリカによる爆撃に遭《あ》い、破壊されてしまった。そもそも軍需物資の生産に使われ、日用品の生産が疎《おろそ》かになっていた。さらに、アメリカの海上封鎖により、原材料も輸入できなかった。おまけに戦後、日本を支配した占領軍は、日本の封鎖を解かなかった。自由な輸入を許さなかったのだ。原材料を輸入できないのだから、生産できない。

戦時中、敵である日本にアメリカが経済封鎖をしたのは当然だが、占領して日本人の生活と治安に責任を持つようになっても封鎖していたのはナンセンスである。そうしていたのは、アメリカが日本の工業力を復活させず、二度と戦争させないようにと考えていたからだ。その考えは理解できるが、食糧生産や軽工業品生産に支障が出るまでやるのはやりすぎである。しかも、食糧不足で治安が乱れ、革命騒ぎになっては困ると、日本に食糧援助までしていた。日本を罰したいと思った結果が日本への援助では何をしていたのか分からない。

第3は、需要である。供給力がないのに、国民は飢えて日常生活物資にも事欠いているから、需要はいくらでもある。インフレになるのは当然だ。

翻って現在はどうか。財政赤字の主な原因は、社会保障支出の増加である。基本的には、人々に年金としてお金を配っている。配られたお金は消費されているか、貯蓄されている。貯蓄されたものは日本か海外で投資されている。供給力は破壊されていない。貿易は自由である。国民は飢えているわけではないので、いま消費しなければ死んでしまうわけではない。消費するか、貯蓄するかの選択ができる。

人々が預金と国債以上によいものがあると認識すること

財政赤字がいくら増えても、人々は貯蓄し、銀行には預金が集まる。銀行は貸出先がないので国債を買っている。結果として低金利は続く。物価も上がらない。この均衡はなかなか破られない。均衡を破るためには、人々が銀行預金と国債以上によいものがあると認識することが必要だ。

消費してもよいのだが、国民は飢えてもいないし、日常生活物資に事欠いているわけでもないのだから、消費が爆発的に伸びるわけではない。貯蓄の使い道として、内外の社債・株式・不動産、外国国債、あるいは美術品、宝飾品などはある。

しかし、ITバブルの崩壊、リーマン・ショック、コロナショックが次々と襲う中で、資産価格の変動は激しい。海外の金利が高くても、為替変動リスクを考えると、必ずしも海外債券を買う気にもなれない。美術品、宝飾品で何兆円も価値保蔵できるものを探すのは難しい。日本政府の債務残高は1200兆円なのだから、100兆円単位の価値保蔵手段を見いだせなければ、この均衡から抜け出せない。

どうしたらよいのだろうか。国民がもっと消費するか、企業がもっとよい投資先を見つけるかしかない。コロナ自粛に疲れた国民はもっと消費したいと思っているだろうが、突然の所得消失に驚いた国民はもっと貯蓄したいと思うようにもなっただろう。企業も、コロナショックを経験して、やはり現預金をため込むことが必要だと認識しただろう。全体として支出は増えそうにない。

コロナショック時の政府の対応は、所得を補塡《ほてん》することだった（原田泰『コロナ政策の費用対効果』第8章、ちくま新書、2021年）。所得の補塡は国民も企業も安心させる。政府がもっと国債を発行して支出するしかない。しかし、政府が財政的にこれ以上補塡できないと思われれば、国民は心配になる。結果、国民は貯蓄し、銀行を通じて国債の購入になっている。皮肉なことである。しかし、だから財政拡大が可能になる。また、そうしなければ経済はさらに悪化するだろう。

太平洋戦争時と現在を比べてみれば、やはり赤字そのものよりも、政府が税と国債で調達した資金を何に使ったかこそが大事だと分かる。

大阪万博のバラマキ——1人当たり低負担だと真剣になれない

国民にお金を配るのはバラマキでよくないことだが、政府が熟慮のうえで使うのはよい、と多くの人は考えているようである。少なくても、マスコミにはそういう議論が氾濫している。

しかし、太平洋戦争も日本政府の巨大プロジェクトだったわけである。同じ金額を国民にただ配ってしまっていたら、どうなっただろうか。それだけのお金を配れば、インフレになっていただろう。だが、国民はお金を受け取っているのだから別に貧しくなったわけではない。お金を配ってもらって喜んでいたら、物価が上がって元の木阿弥になっただけだ。これは戦争するよりマシではないか。

よく「国民にお金をばらまいても、パチンコや博打ですってしまう」という人がいるが、太平洋戦争も博打だった。満洲国の影の支配者といわれた満洲映画協会理事長の甘粕正彦は、ソ連軍が満洲に侵攻するなか、服毒自殺をした。辞世の句は「大ばくち 身ぐるみ脱いですってんてん」である。戦争が博打だったと指導者が自ら認めている。

戦争では生活実感から離れてしまうので、万博はどうだろうか。大阪万博会場を取り囲む木製リング（大屋根）は工費３４４億円とのことである。大阪府の人口８７８万人で割ると、１人当たり３９００円の負担である。私は府民に配ったほうがよいと思うが、いや、大阪万博のシンボルのために１人３９００円使ったほうがよいという人もいるだろう。３９００円なら大したことはない、という思いに乗じて、さらに巨額のプロジェクトができる。

巨大プロジェクトで潤うほうは真剣だが、負担するほうは１人当たりがわずかなので、なかなか真剣にはなれない。これが政府の無駄がなくならない大きな理由である。まして、バラマキが悪いと思わされてはなおさらである。とりあえず、その金額を国民にばらまいたら１人当たりいくらになるかを考えるのが、政府の無駄を減らす方法だと私は思う。

結語――政府支出そのものの有用性が大事

財政赤字が日本経済の大問題という議論があるが、財政赤字が経済を大きく停滞させるという証拠はない。財政が経済を停滞させるとしたら、非効率な支出を通じてである。中国の債務の罠を考えてみても、中国にそそのかされて建設した巨大インフラが役に立たないから、国を売る羽目になったのである。インフラが役に立っていれば、借金は返済でき、国を売らなくても済む。つまり、政府支出と政府収入の差額が黒字か赤字ではなくて、政府支出そのものの有用性が大事である。

ギリシャの財政赤字が2009年に話題になり、ギリシャ政府は極端な引き締め政策を行った。その結果、ギリシャの失業率は27%に上昇し、実質GDPは27%も落ち込んだ。これは1930年代の大恐慌並みの大惨事である。こんな緊縮策を取る必要はまったくなかった。

日本の場合、理論的に考えても、国債は政府にとっては借金だが、国民にとっては資産である。資産と債務を合計すればゼロである。日本の人口は減少していく。このままのトレンドが続けば、1000年後には最後の日本人が生まれることになるだろう。最後の日本人は、政府であって国民であり、日本のすべての負債と資産を相続する。これを合計するとゼロである。最後の日本人にとって大切なのは、借金で何を作ったかである。

あるいは、太平洋戦争のことを考えてもよい。日本の政府債務残高の対GDP比は、太平洋戦争直後より高い。それでも何も起きないのは、使い途《みち》が異なるからである。太平洋戦争の戦費を国債の発行ではなく、増税で賄ったとしたら、何かよいことが起きただろうか。アジアと日本で多くの人々が死んだことに変わりはない。

結論――賃上げをわざわざ邪魔している日本

日本の賃金が上がらないのは、生産性が上がらないからである。生産性が上昇しないのは日本が構造改革をしていなかったからである、と多くの人がいうのだが、構造改革として何をすればよいのか、明確に語られることはない。こうなると、すぐさま成長戦略が必要だという話になるのだが、これも中身は分からない。経済安全保障や気候変動のための政府支出は経済のコストを高めるもので、成長にはつながらない（私は、成長にはつながらないが、必要なことだと思っている）。

GAFAがないのが問題だといっても、どうしたらGAFAを育てられるのか、誰も分からない。GAFAの生んだ富を考えれば、どうしたらよいかが分かっている人がいれば、政府の力など借りずに自分でするだろう。ここに税金をつぎ込んでも、無駄に終わるだけだろう。

産業ごとにアメリカとの生産性の格差を比べると、すべての分野で遅れていることが分かる。また、現在遅れているだけでなく、時間の経過とともにその差が拡大している。世界最先端となった日本は、いまやキャッチアップ型の成長はできず、これからは独創性が大事だなどという言説はまったくの間違いだ。世界に遅れているのだから、進んでいる国のよいところを学び、キャッチアップしていかなければならない。キャッチアップできないのは、日本のあらゆるところに、率直に遅れたことを認め、優れたものを学ぼうという意識がないからだ。規制に依存し、護送船団行政に頼り、競争を避けようとしているからだ。

農業は、アメリカとの生産性格差がもっとも大きい産業だが、それでも大規模化や効率向上の動きが見られる。それを放っておけば生産性が上昇するにもかかわらず、わざわざ邪魔している。雇用や既得権益を守るためだ。

人手不足経済を生み出せ

そこで重要になるのは、雇用を守る必要がない世界を生み出すことだ。これが高圧経済である。人手不足で、他に仕事があると思えば、雇用を無理やり維持しようという圧力が減少する。人手不足なら、自分をよりよく評価してくれるところに移動しようと考える人が増え、また、より高く評価されようと考えて自分を鍛える人も増えるだろう。

構造改革の一環として、財政再建が議論されることが多い。これらの主張によれば、財政赤字や政府債務残高の拡大は、日本経済の不確実性を高め、低成長をもたらすと議論されることが多いが、その根拠はまったく乏しい。財政赤字を隠していたギリシャは大恐慌並みの大不況に襲われたが、これは財政赤字のためではなく、財政赤字を無理やりに削減したからだ。経済の非効率をもたらすのは政府の支出であって、歳入と支出の差額ではない。

企業が黒字であるとは、売上からあらゆる費用を差し引いたものがプラスであるということだ。労働者を酷使したり、不当に高く売りつけていたりするのでなければ、企業の黒字は、社会の資源を正当に用いて、その資源の価格以上のものを生み出していることになる。すなわち、価値を創造していることになる。

一方、政府の赤字は価値創造とは関係がない。社会的に有用な資源を税の形で吸収して、社会的に無用なことに使っていれば、税収－支出がプラスでも価値を創造しているとは言えない。つまり、財政黒字は政府の成功を示していないし、財政赤字も政府の失敗を示していない。政府活動の価値は財政収支よりも、その支出の価値で決まるのである。

27％の実質での賃上げが可能に

日本とアメリカの1人当たり実質購買力平価ＧＤＰの差は、２０２３年で35・２％である。高度成長期（1950―70年）には、アメリカとの差を毎年2・2％ポイントずつ縮めていた。その後、高度成長期ほどのことはできなくても1991年にはアメリカの85・2％まで追いついた。ところが、その後は追いつくどころか引き離されて、2023年には64・8％となった、もちろん、アメリカに追いつくのは容易なことではない。

ドイツも1991年にアメリカの96・8％にまで追いついたが（これが最高水準）、2023年では82・1％と差が拡大してしまった。ドイツにはGAFAはない。日本も、ドイツと同じように、アメリカの8割程度までは追いつけるはずだ。現在の日本のアメリカの64・8％という水準からドイツの82・1％の水準になれれば、27％（82・1÷64・8％）の実質での賃上げが可能になる。

そのためには、何かをすることよりも、間違ったことをしないことが重要だ。デジタル化を阻み、現代のラダイト運動をする行政を抑えること、護送船団行政をさせないこと、人口が減少しているからダメだという責任逃れを止めること、円高になってもスイスのようになればよいなどできないことをいうのを止めること、失敗する政府が民間に方向性を示せるなどという自惚れを止めること、非合理な政策をお説教で解決しようとしないこと、人手不足状況が規制緩和や人々のやる気を引き出すうえで重要と認識すること、財政赤字を無理やり減らそうと思わないこと、財政で大事なのは支出の効率性であって支出と収入の差額ではない、と認識するべきだ。これらによって、日本の賃金を上げることが可能になる。

初出一覧

【第1章】

「なぜ日本は貧しいのか」『ＣＲＩ（Comprehensive Real-estate Information）』長谷工総研、２０２３年1月号

「農家が８割減って『イモが主食』は本当?→むしろ日本の農業に好都合なワケ」『ダイヤモンドオンライン』２０２３年10月12日)。

「日本経済に今こそ『アメリカに追いつき追い越せ』が必要な理由、長期統計は語る」『ダイヤモンドオンライン』２０２３年3月7日

「日本の賃金停滞問題、岸田政権の『新しい資本主義』では解決しない理由」『ダイヤモンドオンライン』２０２３年4月5日

「日本の問題は人口減より一人当たり所得が伸びないこと」『Wedge ONLINE』２０２３年4月14日

「日本の給料はなぜ上がらない？ 日本に『足りない』ものがデータ分析で見えた」『ダイヤモンドオンライン』２０２３年7月28日

【第2章】

「新しくない『新しい資本主義』では成長もできない」『Wedge ONLINE』２０２２年1月11日

「『年収106万円問題』の政府議論がヤバすぎた…！頭の固い人たちへ、経済学で考えた『一石二鳥』の解決方法を教えます！」
「家計にもGDPにも良いことなし…！妻を低年収に固定する『年収の壁』の本当の黒幕、その『理不尽な正体』」ともに『現代ビジネス』2023年10月6日
「『分配』も必要 やはりそれでも『成長』がなければつまらない」『Wedge ONLINE』2021年10月29日
「『ゾンビ企業』は日本の経済効率を下げる元凶なのか？」『Wedge ONLINE』2023年6月29日
「ノーベル経済学賞受賞のゴールディン教授に学ぶこと」『Wedge ONLINE』2023年10月31日
「日本には『貪欲な仕事』が多すぎる」『不動産経済』不動産経済研究所、2023年11月8日、No.1449

【第3章】

「日本から工場を無くしてもいいのか」『Wedge online』2022年7月8日
「生産性向上に必要な需要拡大による人手不足」『Wedge ONLINE』2020年12月9日
「『円安が日本を貧しくする』は本当なのか？」『Wedge ONLINE』2021年12月14日
「『悪い円安論』が間違いといえるこれだけの理由」『ダイヤモンドオンライン』2021年12月1日
「英国首相を50日辞任に追い込んだ『ポンド下落』、実は大した問題ではない理由」『ダイヤモンドオンライン』2022年11月18日

「バブル崩壊後の不況が長期化した根本理由、今も続く『松方財政』の過剰評価」『ダイヤモンドオンライン』２０２３年５月26日
「岸田首相が尊敬する池田勇人内閣は何を成し遂げたのか」『Wedge ONLINE』２０２２年２月７日

【第４章】

「『財政赤字は経済成長を妨げる』は本当か？ ３つのデータで徹底検証」『ダイヤモンドオンライン』２０２３年９月１日
「日本の財政は本当に危機的なのか？『ワニの口』財政理論のカラクリとは『ダイヤモンドオンライン』２０２２年１月26日
「ＧＤＰ成長に比べ税収が高い日本〝大増税時代〟なのか」『Wedge ONLINE』２０２３年８月17日
「防衛費増 増税か国債発行かよりも中身の議論を急げ」『Wedge ONLINE』２０２２年12月28日
「ロシア並みの懲罰を受けていた財政危機後のギリシャ」『Wedge ONLINE』２０２２年４月16日
「敗戦直前の債務残高でもインフレが起きない理由」『Wedge ONLINE』２０２０年８月15日

PHP新書

PHP INTERFACE
https://www.php.co.jp/

原田 泰［はらだ・ゆたか］

名古屋商科大学ビジネススクール教授。1950年生まれ。東京大学農学部卒業。学習院大学博士（経済学）。経済企画庁国民生活調査課長、海外調査課長、財務省財務総合政策研究所次長、大和総研専務理事チーフエコノミスト、早稲田大学政治経済学術院教授、日本銀行政策委員会審議委員などを経て、現職。著書に『昭和恐慌の研究』（共著、東洋経済新報社、日経・経済図書文化賞受賞）、『日本国の原則』（日経ビジネス人文庫、石橋湛山賞受賞）、『日本はなぜ貧しい人が多いのか』（新潮選書）、『ベーシック・インカム』（中公新書）、『デフレと闘う』（中央公論新社）、『コロナ政策の費用対効果』（ちくま新書）、『プーチンの失敗と民主主義国の強さ』（PHP新書）など多数。

PHP新書 1388

日本人の賃金を上げる唯一の方法

二〇二四年二月二十九日 第一版第一刷

著者――原田 泰
発行者――永田貴之
発行所――株式会社PHP研究所
東京本部――〒135-8137 江東区豊洲5-6-52
ビジネス・教養出版部 ☎03-3520-9615（編集）
普及部 ☎03-3520-9630（販売）
京都本部――〒601-8411 京都市南区西九条北ノ内町11
組版――有限会社メディアネット
装幀者――芦澤泰偉＋明石すみれ
印刷所
製本所――大日本印刷株式会社

ISBN978-4-569-85657-5

ＰＨＰ新書刊行にあたって

「繁栄を通じて平和と幸福を」（PEACE and HAPPINESS through PROSPERITY）の願いのもと、ＰＨＰ研究所が創設されて今年で五十周年を迎えます。その歩みは、日本人が先の戦争を乗り越え、並々ならぬ努力を続けて、今日の繁栄を築き上げてきた軌跡に重なります。

しかし、平和で豊かな生活を手にした現在、多くの日本人は、自分が何のために生きているのか、どのように生きていきたいのかを、見失いつつあるように思われます。そして、その間にも、日本国内や世界のみならず地球規模での大きな変化が日々生起し、解決すべき問題となって私たちのもとに押し寄せてきます。

このような時代に人生の確かな価値を見出し、生きる喜びに満ちあふれた社会を実現するために、いま何が求められているのでしょうか。それは、先達が培ってきた知恵を紡ぎ直すこと、その上で自分たち一人一人がおかれた現実と進むべき未来について丹念に考えていくこと以外にはありません。

その営みは、単なる知識に終わらない深い思索へ、そしてよく生きるための哲学への旅でもあります。弊所が創設五十周年を迎えましたのを機に、ＰＨＰ新書を創刊し、この新たな旅を読者と共に歩んでいきたいと思っています。多くの読者の共感と支援を心よりお願いいたします。

一九九六年十月

ＰＨＰ研究所